성서로
만나는
논어의 세계

성서로 만나는 논어의 세계

2018년 10월 1일 초판 1쇄 인쇄
2018년 10월 5일 초판 1쇄 발행

지은이 | 이종찬
펴낸이 | 김영호
펴낸곳 | 도서출판 동연
등 록 | 제1-1383호(1992년 6월 12일)
주 소 | 서울시 마포구 월드컵로 163-3
전 화 | (02) 335-2630
팩 스 | (02) 335-2640
이메일 | yh4321@gmail.com

ISBN 978-89-6447-467-9 03100

성서로 만나는 논어의 세계

이종찬 지음

동연

머 리 말

『논어』라는 또 하나의 고개를 넘는 뜻깊은 시간입니다. 앞선 『맹자』
에 이어 그 이전의 노자(老子), 그리고 중용(中庸)으로 이어지는 과정이
마무리되는 순간입니다. 열매를 맺기까지 밑거름이 되어준 고마운 길
잡이들과 앞선 발자취들을 빼놓을 수 없습니다.

첫 번째는 율곡의 사서언해(四書諺解)입니다. 서구 개신교의 완성
이 바로 마틴 루터의 독일어 성서번역이라고 말할 수 있는 것처럼, 율곡
의 동아시아 해석학은 사서언해에서 그 절정을 이루고 있다고 보아 그
리 지나치지 않습니다. 아울러 율곡언해를 공부하는 모임에 참여한 목
회자들은 귀한 자극제가 되었습니다. 간혹 언해에 빠진 부분은 阮元의
『十三經注疏』를 참고했습니다.

두 번째는 『집 잃은 개』(리링, 글항아리)라는 식으로 공자를 풀어내
는 다양한 시각의 논어 해설집들입니다. 불같이 일어난 동아시아 인문
학 부흥에 발맞추어 따끈따끈한 해석학들을 두루 만날 수 있었던 것은
커다란 복이었습니다. 보다 쉽게 공자에 다가갈 수 있도록 오늘 동아시
아의 삶에 빗대어 풀이한 노작들 덕분에, 머뭇거리던 필자 또한 선뜻
이 작업에 나설 수 있는 용기를 얻었습니다.

셋째로는 말도 많고 탈도 많은 도올 김용옥 님의 책입니다. 특히 『논어 한글 역주 1, 2, 3』 같은 저술은 동양학의 입장에서 성서 비평학을 폭넓게 수용하고 있다는 점에서 매우 흥미롭습니다. 이는 동과 서가 만나는 오늘날 21세기 문명 해석학에 대한 일단의 시금석이라고 보아도 지나치지 않은 듯합니다. 그러기에 거꾸로 신학의 입장에서 동양고전을 해석하도록 일깨우는 자극제가 되었습니다. 나란한 성서본문은 널리 알려진 개역한글판 관주를 사용했습니다.

개화기 무렵 배재학당에서 머뭇머뭇 기독교를 접했던 한용경의 고백을 들어보면, 신약성서와 전도 서적을 읽었을 때 그 안에 공자의 가르침이 들어있었다고 말합니다(*The Korean Repository*, Vol 5. 1898, pp. 262-263). 또한 한국인 최초 감리사 최병헌이 권사반 수업을 받던 옆 선교사반에서는 〈五倫行實圖〉 커리큘럼이 나란히 개설됩니다(*Minutes of 9th Annual Meeting of the Korean Mission of the M.E. Church*, 1893, The Trilingual Press). 그 까닭에 필자가 이 어려운 작업과 씨름하는 것은, 이미 백 수십여 년 전부터 동아시아 우리 집단무의식(the collective unconscious) 속에 이어져왔던 뿌리 깊은 숙제임을 깨닫습니다.

이를 위해 후원을 아끼지 않으신 신내교회 김광년 목사님과 성도님들의 손길이 고맙기 그지없습니다. 무리한 출판 일정을 맞춰주신 김영호 대표님과 동연 식구들에게 깊이 감사드립니다. 무엇보다 4반 세기에 이르도록, 말없이 지난한 작업을 지켜봐준 사랑하는 아내 숙에게 저자의 이름을 내어주어도 뭐라 할 사람은 없을 겁니다. 버벅대는 아빠와 달리 구김살 없이 부쩍부쩍 어른으로 커가는 가은, 희은, 주한이를 벅찬 가슴으로 바라보며 감사의 글을 마칩니다.

인왕산 바우살이 뜨락에서

이종찬

차 례

머리말 _ 5

1장.「學而」— 기뻐하고 즐거워하라   11

2장.「爲政」— 모든 거짓을 버리고   20

3장.「八佾」— 와서 우리의 왕이 되라   29

4장.「里仁」— 어찌 그리 선하고 아름다운고   38

5장.「公冶長」— 귀히 쓰는 그릇이 되어   47

6장.「雍也」— 사람을 낚는 어부가 되게 하리라   57

7장.「述而」— 폐하러 온 것이 아니요   67

8장.「泰伯」— 나의 달려갈 길을 마치고   78

9장.「子罕」— 자기보다 남을 낮게 여기고   86

10장.「鄕黨」— 나사렛에서 무슨 선한 것이 날 수 있느냐   96

11장.「先進」— 광야에 외치는 자의 소리가 있어   105

12장.「顔淵」— 자기를 부인하고 십자가를 지라   117

13장.「子路」— 이름을 망령되이 일컫지 말라   128

14장.「憲問」— 이 사람들이 잠잠하면   139

15장.「衛靈公」— 선을 행하는 자는 없나니   154

16장.「季氏」— 이제 너는 네 집이나 돌아보라   166

17장.「陽貨」— 네 마음도 진실하냐   175

18장.「微子」— 인자는 머리 둘 곳이 없다   187

19장.「子張」— 선을 행하되 낙심하지 말지니   196

20장.「堯曰」— 죄를 사하시옵소서   206

1 장
「學而」 ─ 기뻐하고 즐거워하라

1-1

기뻐하고 즐거워하라. 하늘에서 너희의 상이 큼이라(마 5,12).

子曰 學而時習之 不亦說乎 有朋自遠方來 不亦樂乎 人不知而不慍 不亦君子乎

有子曰 其爲人也 孝弟而好犯上者 鮮矣 不好犯上 而好作亂者 未之有也 君子務本 本立而道生 孝弟也者 其爲仁之本與

공자가 말했다. "배우고 때 맞춰 익히니 또한 기쁘지 아니한가. 멀리서 찾아오는 벗 있으니 또한 즐겁지 아니한가. 비록 사람들이 알아주지 않아도 끙끙대지 않으니 또한 군자답지 않은가."

유자가 말했다. "모름지기 효제(孝弟)하는 사람은 윗사람을 거스르는 경우가 드물다. 또한 거스르지 않는 사람은 날뛰지도 않는다. 모름지기 군자는 바탕에 충실하다. 바탕이 든든하면 도가 바로 세워지게 마련이다. 효제는 인을 이루는 바탕이다."

1-2

말과 혀로만 사랑하지 말고, 오직 행함과 진실함으로 하자(요일 3,18).

子曰 巧言令色 鮮矣仁
曾子曰 吾 日三省吾身 爲人謀而不忠乎 與朋友交而不信乎 傳不習乎
子曰 道千乘之國 敬事而信 節用而愛人 使民以時
子曰 弟子 入則孝 出則弟 謹而信 汎愛衆 而親仁 行有餘力 則以學文
子夏曰 賢賢 易色 事父母 能竭其力 事君 能致其身 與朋友交 言而有
信 雖曰未學 吾必謂之學矣
子曰 君子 不重則不威 學則不固 主忠信 無友不如己者 過則勿憚改
曾子曰 愼終追遠 民德歸厚矣

공자가 말했다. "번지르르한 말이나 꾸민 얼굴에서 인을 찾기란 쉽지 않다."

증자가 말했다. "삼가 하루 세 번씩 나를 돌아본다. 사람과 도모함에 진실하지 아니한가. 벗들과 어우러짐에 믿음직하지 않은가. 입을 열되 허튼 구석은 없는가?"

공자가 말했다. "천승(千乘)의 나라를 다스리려면, 삼가 살피고 믿음직하며, 알뜰살뜰 아끼고 사람을 돌아보며, 때를 가려 백성을 이끈다."

공자가 말했다. "제자란 집에서는 효도하고 나가서는 사랑하되, 삼가고 믿음직스러우며 널리 사람을 돌아보고 언제나 어질며, 힘이 넉넉하면 학문에 힘을 쓴다."

자하가 말했다. "어진 이를 진심으로 대하고, 힘써 부모를 섬기며, 윗사람 섬김에 게으르지 않으며, 벗들과 함께 어울리면서 말에 믿음이 있으면, 비록 배움이 없어도 나는 그를 칭송하겠다."

공자가 말했다. "군자가 삼가지 않으면 존경받지 못하며, 배우면 막힐 일이 없다. 진실함과 믿음으로 벗들과 어울리는 자는 허물이 있으면 곧 바로잡는다."

증자가 말했다. "꼼꼼히 살피고 두루 돌아보면, 백성들은 한결같이 뒤따른다."

1-3

내 생각은 너희 생각과 다르며, 내 길은 너희 길과 달라서(사 55, 8).

子禽問於子貢曰 夫子 至於是邦也 必聞其政 求之與 抑與之與 子貢曰
夫子 溫良恭儉讓以得之 夫子之求之也 其諸異乎人之求之與

子曰 父在觀其志 父沒觀其行 三年無改於父之道 可謂孝矣

有子曰 禮之用 和爲貴 先王之道 斯爲美 小大由之 有所不行 知和而和
不以禮節之 亦不可行也

有子曰 信近於義 言可復也 恭近於禮 遠恥辱也 因不失其親 亦可宗也

자금이 자공에게 물었다. "공자께서 이 나라에 오셨으니 한 말씀하
시겠지요. 부탁받아 오셨나요. 아쉬워서 오셨나요?" 자공이 말했다.
"선생님은 어질고 사랑하며 삼가 안타까운 마음으로 말씀하신다. 선생
께서 하려는 것은 세상 사람들이 하는 것과는 다르다."

공자가 말했다. "어버이 살아계실 때는 그 뜻을 헤아리고, 돌아가신
후에는 그 발자취를 살핀다. 3년이 넘도록 이어간다면 진실한 효도라
말할 수 있다."

유자가 말했다. "예(禮)라는 것은 어우러지는 것이 중요하다. 까닭
에 선왕의 도가 이렇듯 아름다우니, 크고 작은 것들 모두 그렇다. 어려
운 점이 있다면 거듭 살펴 다독이고, 그래도 예절에 어긋난다면 비로소
그친다."

유자가 말했다. "힘써 의롭게 행한다면 말 또한 회복할 수 있다. 예
에 알맞게 처신한다면 부끄러움과 수모가 사라진다. 가까운 이들을 보
살피면 또한 어른대접을 받는다."

1-4

심령이 가난한 자는 복이 있나니 천국이 저희 것임이요(마 5, 3).

其斯之謂與 子曰 君子 食無求飽 居無求安 敏於事而愼於言 就有道而
正焉 可爲好學也已
子貢曰 貧而無諂 富而無驕 何如 子曰 可也 未若貧而樂 富而好禮者也
子貢曰 詩云 如切如磋如琢如磨 子曰 賜也 始可與言詩已矣 告諸往而
知來者
子曰 不患人之不己知 患不知人也

　공자가 말했다. "군자란 배부름을 구하지 않으며, 편안하기를 바라
지도 않고, 힘써 삼가며, 말에 실수가 없고, 뜻을 세워 바르게 할 뿐이
니, 즐겨 배운다 할 만하다."
　자공이 말했다. "가난해도 아첨하지 않으며, 부해도 교만하지 않으
면 어떻습니까?" 공자가 말했다. "아무렴, 좋구 말구. 게다가 가난해도
즐거워하며, 부유해도 예를 좋아한다면 금상첨화이다." 자공이 말했다.
"시경의 절차탁마라는 노래처럼 말인가요?" 공자가 말했다. "옳거니,
이제 너와 함께 시경을 논할 수 있겠구나. 지난 일을 말하니 앞날을 내
다보는구나."
　공자가 말했다. "사람들이 알아주지 않는다고 툴툴거리지 않으며,
사람을 제대로 헤아리지 못함을 염려한다."

∗ ∗ ∗

연구차 미국 보스톤 대학에 머물 때 이야기입니다. 도서관에서 자료를 찾다가 우연히 미국감리교회를 담임하는 한인 목사님을 만나게 되었습니다. 나와는 다른 신학교 출신이었지만 철학박사 학위과정에 있던 학구적인 목사님이라 새벽마다 같이 독일어 공부를 하며 친하게 지냈는데, 나에게 재미있는 인사말을 알려주었습니다. 이곳 사람들은 고맙다고 인사하면, '천만에요, 내가 좋아서 하는 거예요'(It's my pleasure)라고 대답한다는 겁니다. 물론 부자나라에다가 생활이 넉넉한 그네들이니까 굳이 대가를 바라지 않고도 자연스레 나오는 말이긴 하겠지만, 이렇듯 뜻깊은 인사말이 삶의 한가운데 자리 잡았다는 사실에 그들의 문화가 한없이 부럽기 그지없습니다.

그런데 따지고 보면 등잔 밑이 어두운 셈입니다. 바로 2천 5백여 년 전 동아시아 춘추전국시대 한복판에도 이러한 모습이 생생하게 살아있었으니 말입니다. 동아시아에서 지난 수천 년간 달달 외워왔던 논어를 펼치면 1장 1절에 나타나는 공자의 가르침이 바로 그렇습니다. 배움을 통해 스스로를 깨우치며 기뻐합니다. 벗들이 먼 곳 마다하지 않고 발걸음하니 즐겁기 그지없습니다. 나아가 남들이 알아주거나 말거나, 묵묵히 너른 세상에 진리를 펼쳐냅니다. 새로운 세상을 일구어내듯 하늘의 뜻을 따라 살아간다는 원시유교의 첫 번째 가르침입니다. 오늘날 우리 주변에서 만나는, 이른바 '배워서 남 주자'라는 표어와 엇비슷한 셈입니다.

그 어떤 대가를 바라거나, 남들이 우러러보는 출세와는 그다지 상관이 없습니다. 이 논어 첫 머리 「學而」의 가르침은 한결같이 '내가 좋아서 하는 거예요'라는 세계관을 담고 있습니다. 그런데 과연 이러한 가르침이 2천 5백 년 동안 동아시아를 지배해온 세계관이었을까요. 사실 한나라 무제가 중국대륙을 통일하고 유교의 가르침을 통치이념으로 삼아 제도화하면서, 그 가르침은 점점 '금관의 예수'처럼 콘크리트 동상에 갇혀버리고 맙니다. 마치 초기 기독교의 가르침이 콘스탄틴 황제의 멋들어진 궁전에 꽁꽁 갇혀버렸던 로마제국의 기독교처럼 말입니다.

예를 들어 효도라는 것은 무엇일까요. 이는 그저 부모님 보기 좋으라고 눈앞에서 공양하는 것으로 그치지 않습니다. 돌아가시고 난 다음에도 그 손길을 느끼며 쉽사리 그 자취를 바꾸지 않지요. 이처럼 마음 깊은 곳에서 우러나오는 떨림이 있어야 진정한 효도입니다. 이러한 가르침은 『논어』뿐만 아니라 이후 『중용』, 『맹자』 등을 통하여 거듭해서 되풀이되며 동아시아 세계에 널리 퍼져나갑니다.

그렇다면 이렇듯 마음에서 우러나오는 효의 세계는 기독교에서 말하는 하늘나라의 신비와 많이 닮은꼴입니다(말과 혀로만 사랑하지 말고 오직 행함과 진실함으로 하자. 요일 3,18). 그래서일까요. 논어 첫 편에서는 한결같이 이른바 율법주의나 문자주의 따위를 경계하는 말씀들이 떠억하니 자리 잡았습니다. 교언영색(巧言令色)으로 그럴듯하게 꾸며대는 것에는 정작 진리를 찾아보기 힘들다는 말씀이지요.

공자의 가르침을 자세히 살펴보면, 이런 정도로는 마뜩치 않은지 아예 그 제자들까지 나서서 이러한 깨달음을 끊임없이 강조하고 있습니다. 심지어 자하 같은 경우는 학문이라는 개념조차 뒤집어 버립니다. 배움의 세계를 전혀 다르게 규정하고 있기 때문입니다. '무지렁이일지라도 학식 있는 사람과 다를 바 없다'(雖曰未學 吾必謂之學矣)는 것이지요.

이쯤 되면 재미있지 않습니까. 마치 선불교에서 '부처를 만나면 부처를 죽이라'는 가르침처럼 섬뜩한 마음이니 말입니다. 그리고 눈을 부릅 뜬 선사(禪師)가 몽둥이를 휘두르며 일깨우는 듯한 인상적인 그림이 나란히 겹쳐집니다. 진리의 세계라는 것은 시대와 장소를 가리지 않고, 이토록 진지하고 철두철미한 것이었군요.

성서를 펼쳐보아도 크게 다르지 않습니다. 이러한 가르침은 대개 묵시문학의 종말론을 배경하고 있는 말씀에서 나타나는 것이 보통입니다. 잘 알려진 바대로 '그리 아니하실지라도…'(단 3,18)라는 유명한 구절은 다니엘서에 나타나는 말씀으로, 유대교의 고루한 율법주의 사고체계를 한 순간에 허물어버립니다. 그런데도 이스라엘 백성들은 이 묵시문학의 가르침을 제대로 깨닫지 못합니다. 그러다가 나라가 망해 이웃나라에 포로로 끌려가게 되지요. 그렇게 바벨론 강둑에 주저앉았을 때에야 비로소 구구절절한 마음으로 하나님 말씀을 되씹게 되는 아련한 역사를 지니고 있습니다.

이러한 묵시문학의 비밀을 예수님은 잘 헤아리고 있었습니다. 그래서 이른바 서구문화의 황금률이라고 일컫는 팔복(八福)의 세계를 펼쳐 보입니다. 이렇듯 기쁜 소식 복음의 세계를 열어나가는 발걸음들은, 어떠한 시련과 역경 속에서도 하나같이 기쁘고 즐거워하라는 가르침대로 살아갑니다. 물론 이는 하늘나라의 비밀을 지녔기 때문에 가능한 세계입니다. 이러한 묵시문학에 담긴 종말론의 가르침은 바로 예수님의 십자가 사건에서 그 절정을 보여줍니다.

때문에 "내 뜻대로 마옵시고 아버지의 원대로 하옵소서"(마 26,39)라고 기도하는 예수의 자세는, 바로 군자라고 불리우는 동아시아 원시 유교의 세계가 지시하는 삶과 그대로 닮았습니다. 그 누구도 알아주지 않지만, 무소의 뿔처럼 뚜벅뚜벅 홀로 가야만하는 골고다 십자가의 길입니다. 공자의 삶도 그렇습니다. 14년간 이 나라 저 나라를 기웃거리며 때론 굶기도 하고 갇히기도 합니다. 늘 목숨이 오락가락하지만 그래도 초지일관 하늘의 뜻을 따랐던 깊은 속내가 파란만장한 발걸음 속에 담겨져 있습니다.

잘 알다시피 물고 물리고, 뜯고 뜯기는 춘추전국시대는 살벌하기가 그지없었습니다. 그러나 공자는 논어를 통해 이같이 새로운 세상의 지평을 꿋꿋하게 열어나가는 예언자의 모습을 보여줍니다. 약육강식만이 설치는 오늘날의 자본주의와 신자유주의의 세계는 어떻습니까. 2천 5백 년 전이나 오늘이나, 우리가 사는 세상은 동서양을 막론하고 조금도 다르지 않은 셈입니다. 그래서인지 그 옛날 공자가 선포했던 말씀은, 성서 팔복의 말씀과 아울러 오늘 우리가 살아가는 이 땅에서도 여전히 쩌렁쩌렁 울리며 메아리치고 있습니다.

2 장

「爲政」 ― 모든 거짓을 버리고

2-1

거짓을 버리고 각각 그 이웃으로 더불어 참된 것을 말하라(엡 4, 25).

子曰 爲政以德 譬如北辰 居其所 而衆星共之
子曰 詩三百 一言以蔽之 曰思無邪
子曰 道之以政 齊之以刑 民免而無恥 道之以德 齊之以禮 有恥且格
子曰 吾 十有五而志于學 三十而立 四十而不惑 五十而知天命 六十而
耳順 七十而從心所慾 不踰矩

공자가 말했다. "모름지기 다스림은 덕스러워야한다. 마치 북두칠
성처럼 떠억 하니 자리 잡으면, 뭇별들이 바라보는 것과 같다."
공자는 말한다. "시경 삼백 편을 한마디로 줄이면, 모든 거짓을 버리

는 것이다."

공자가 말했다. "정치한답시고 형벌을 앞세우면, 사람들은 이리저리 피할 뿐 부끄러워하지 않는다. 덕으로 다스리면, 예를 갖추어 부끄러워하며 스스로 삼가게 된다."

공자는 말한다. "나는 열다섯에 학문에 뜻을 세워, 서른에 제자리를 잡았고, 사십에는 이리저리 흔들리지 않았으며, 오십에는 하늘의 뜻을 헤아리게 되었다. 육십에는 누구나 받아줄 수 있게 되었고, 칠십에는 마음 내키는 대로 해도 아무런 허물이 없었다."

2-2

입술로는 나를 존경하되 마음은 내게서 멀도다(마 15, 8).

孟懿子 問孝 子曰 無違 樊遲 御 子告之曰 孟孫 問孝於我 我 對曰無違
樊遲曰何謂也 子曰 生事之以禮 死葬之以禮 祭之以禮
孟武伯 問孝 子曰 父母 唯其疾之憂
子游 問孝 子曰 今之孝者 是謂能養 至於犬馬 皆能有養 不敬 何以別乎
子夏 問孝 子曰 色難 有事 弟子服其勞 有酒食 先生饌 曾是以爲孝乎

맹의자가 효를 물었다. 공자가 말했다. "거스르지 않는 것이다." 수레를 모는 번지에게 공자가 말했다. "맹손이 내게 효를 묻기에 거스르지 않는 것이라 했단다." 이에 번지가 그 뜻을 물으니 공자가 말했다.

"살아서는 예로써 섬기고, 죽으면 예로써 장례하며, 또한 예를 갖춰 제사하는 것이다."

맹무백이 효를 물으니 공자가 말했다. "모름지기 부모란 애타게 발을 동동 구를 따름이다."

자유가 효를 물으니, 공자가 말했다. "오늘날 효는 돌보는 것만 말하는데, 그런 것은 개나 말들도 마찬가지이다. 공경하는 마음이 없다면 무슨 소용이 있겠느냐."

자하가 효를 물으니, 공자가 말했다. "안색을 살피는 것이다. 일이 있으면 겸손히 받들고 좋은 음식을 챙겨드리면 될까. 바로 이것이 효가 아니겠는가."

2-3

그렇다 하는 것은 그렇다 하고, 아니라 하는 것은 아니라 하여(약 5,12).

子曰 吾與回言終日 不違如愚 退而省其私 亦足以發 回也不愚
子曰 視其所以 觀其所由 察其所安 人焉廋哉 人焉廋哉
子曰 溫故而知新 可以爲師矣
子曰 君子不器
子貢問君子 子曰 先行其言 而後從之
子曰 君子 周而不比 小人 比而不周
子曰 學而不思則罔 思而不學則殆 子曰 攻乎異端 斯害也已

子曰 由 誨女知之乎 知之爲知之 不知爲不知 是 知也

　　공자가 말했다. "안회와 나는 하루 종일 어울려도 삐걱거림이 없으니 걱정스럽다. 그런데 가만 생각해보면 이 또한 깊은 뜻이 있으니 사실 걱정할 필요가 없다."

　　공자가 말했다. "그 까닭을 생각하고, 그 뿌리를 살피며, 편안한 바를 헤아리니, 무엇을 근심하리요. 무엇을 근심하리요."

　　공자가 말했다. "옛 것을 되새겨 앞일을 헤아리니 실로 본받을 만하구나."

　　공자가 말했다. "군자는 소소하게 얽매이지 않는다."

　　자공이 군자에 대해 물으니, 공자가 말했다. "말대로 먼저 실천하니 모두 뒤따른다."

　　공자가 말했다. "군자는 두루 살피고 치우치지 않는다. 소인은 우르르 몰려다니니 치우치게 마련이다."

　　공자가 말했다. "배우기만 하고 생각지 않으면 헛것이고, 생각만 하고 배움이 없다면 위태롭다."

　　공자가 말했다. "그럴듯한 말에 사로잡히면, 괜스레 헛수고만 할 뿐이다."

　　공자가 말했다. "자로야, 안다는 것이 무엇인지 아느냐. 아는 것은 안다고 하고 모르는 것은 모른다고 하는 것 이것이 곧 아는 것이다."

보는바 그 형제를 사랑치 아니하는 자가 보지 못하는바 하나님을 사랑할 수가 없느니라(요일 4, 20).

子張 學干祿 子曰 多聞闕疑 愼言其餘 則寡尤 多見闕殆 愼行其餘 則
寡悔 言寡尤 行寡悔 祿在其中矣
哀公問曰 何爲則民服 孔子 對曰 擧直錯諸枉 則民服 擧枉錯諸直 則民
不服
季康子 問使民敬忠以勸 如之何 子曰 臨之以莊則敬 孝慈則忠 擧善而
敎不能則勸
或謂孔子曰 子奚不爲政 子曰 書云孝乎 惟孝 友于兄弟 施於有政 是亦
爲政 奚其爲爲政
子曰 人而無信 不知其可也 大車無輗 小車無軏 其何以行之哉
子張 問十世 可知也 子曰 殷因於夏禮 所損益 可知也 周因於殷禮 所
損益 可知也 其或繼周者 雖百世 可知也
子曰 非其鬼而祭之 諂也 見義不爲 無勇也

자장이 벼슬길에 대해 물으니 공자가 말했다. "많이 듣고 깊이 생각하라. 그리고 한마디라도 삼가면 탈이 없을 것이다. 널리 살펴 위험을 헤아리고, 이후에 행동거지 삼가면 실수가 없으리라. 말을 삼가고 조심스레 행하면 뒷탈이 없으리라."

애공이 백성 다스리기를 물으니 공자가 대답했다. "곧은 것으로 구부러진 것을 펴면, 백성이 따릅니다. 잘못된 일을 밀어붙이면, 백성은 돌아섭니다."

계강자가 백성들로 하여금 충성되고 공경케 하려면 어찌해야 하는가를 물으니 공자가 답했다. "듬직하면 공경하게 마련이고, 알뜰히 다독이면 충성하게 된다. 선을 높이고 살뜰히 가르치면 좋아하게 마련이다."

어떤 이가 공자에게 왜 정치에 나서지 않는가 물으니, 공자가 말했다. "상서에 이르기를, 효도하고 형제와 화목하는 것 또한 정치라 하였으니 이것이 위정이니라."

공자가 말했다. "사람에게 믿음이 없다면 도대체 무엇이 남겠느냐. 큰 수레나 작은 수레에 멍에가 없다면, 어찌 한 걸음이라도 움직일 수 있겠는가."

자장이 물었다. "나라의 앞날을 알 수 있습니까." 공자가 말했다. "은나라는 하나라 예를 본떠서 나름대로 다듬었고, 주나라는 은나라 예를 기초하여 나름대로 손보았다. 누구든 주나라 예를 이어받는다면, 비록 백 년이라도 밝히 알 수 있다."

공자가 말했다. "마땅히 제사드릴 바가 아닌데 예배한다면 이는 우상숭배이다. 의로운 것을 보고 나서지 않는다면 비겁한 짓이다."

＊ ＊ ＊

　논어의 두 번째 「위정」편은, 나라 다스림에 관한 이야기를 길게 다루고 있습니다. 그런데 여기에서는 나라를 다스린다고 하는 거창한 문제를 재미있게 풀어나갑니다. 사람이 집 안에서 효를 다하는 것과 아주 밀접하게 관련을 맺고 있기 때문이지요. 그래서 이곳에서는 효에 관한 이야기가 끊임없이 되풀이됩니다. 왜 그럴까요. 정치라는 문제가 겉으로 보기에는 거창하게 나라를 다스리는 것처럼 보입니다. 그런데 자세히 들여다보면, 마치 집 안에서 효가 이루어지면 만사가 저절로 풀려나가는 것과 같은 이치라는 얘기가 펼쳐집니다.

　그래서인지 사람들이 공자에게 꼭 짚어서 위정의 문제를 들이밀자, 공자는 슬며시 말을 돌리고 다른 이야기를 주절주절 늘어놓습니다. 다시 말해서 마음으로부터 우러나와 부모를 돌보고 보살피는 일상적인 삶이라든지, 형제나 자매들과 '하하호호' 하며 스스럼없이 어우러지는 것이 먼저라는 메시지입니다. 그렇게 하다보면 나라를 다스리는 복잡다단한 위정의 문제들은 저절로 풀려나가게 마련이라는 겁니다.

　언뜻 뜬금없는 이야기를 잔뜩 늘어놓는 것 같지만, 사실 논어에서 말하는 가르침은 마치 신령하기 그지없는 하늘나라의 비밀한 세계를 빠끔하니 열어 보여주는 셈입니다. 집에서 새는 바가지라면 밖에 나가서도 마찬가지로 아무런 쓸모가 없기 때문이지요. 이런 흐름은 성서에서도 크게 다를 바가 없습니다. 세례 요한이나 예수가 소리 높여 외쳤던 하나님 나라가 사실 유별난 것이 아니라는 말씀입니다. 그저 하늘에서

뜻하신 바가 이 땅에서도 이루어지기를 간절히 기도하고 있을 따름입니다.

예수가 제자들에게 가르쳐주시는 기도의 내용을 찬찬히 뜯어보면 이 같은 모습이 잘 드러납니다. 제일 먼저 매일매일 우리가 먹고사는 문제가 등장하는군요. 하루하루 살아가는 우리들의 모습이 부끄러움 없이 마무리되어야 합니다. 그런데 사람들이 부대끼며 살아가다보면, 이 세상에서 의식주라는 것은 매우 쉽지 않은 문제입니다. 그래서 우리가 겪게 되는 수많은 문제는, 시나브로 우리 인간들 사이에서 죄와 부끄러움으로 범벅이 되어 서로에게 생채기를 낳곤 합니다. 이러한 문제들과 씨름하다보면, 자연스레 윤리와 종교의 세계가 우리에게 다가오기 마련입니다.

유교 문화가 널리 퍼져있던 동아시아 세계에서는, 주기도문과 같은 형식의 종교적 세계가 뚜렷한 모습으로 제도화되어 나타나는 경우가 드뭅니다. 기껏해야 군주를 비롯해 정치 지도자들로 대표되는 일련의 이야기에서 교훈으로 간간이 드러날 뿐이지요. 까닭에 덕을 쌓거나 심신을 수양하면서 개인의 성숙된 자세를 요구하는 것이 보통입니다. 그런데 사실 종교라는 제도와 성직자 계급을 발달시켜온 서구 기독교에서도, 이러한 자기성찰의 문제는 결코 비껴갈 수 없는 숙제입니다. 그래서인지 예수는 이 기도문에서 시험에 빠지지 않도록 늘 기도하는 삶을 제자들에게 일러주고 있습니다.

공자에게는 이렇듯 아련한 진리의 세계가 특별히 사랑하던 제자 안연과의 이야기를 통해서 논어 이곳저곳에서 불쑥불쑥 드러나고 있습니다. 죽음의 세계조차 감히 어찌할 수 없는 이 진리의 지평은, 마치 예수가 자신의 목숨을 노리던 예루살렘 사자 굴로 말없이 올라가실 때의 모습을 떠올리게 합니다. 그 때 슬금슬금 꽁무니를 빼던 여러 제자들과는 다르게, '우리도 주와 같이 죽으러가자'(요한 11,16)고 불끈 일어서던 도마의 발걸음을 안회의 이야기에서 만나게 되니 무척이나 흥미롭지 않습니까.

3장

「八佾」 — 와서 우리의 왕이 되라

3-1

너는 와서 우리의 왕이 되라 하매(삿 9,14).

孔子謂 季氏八佾舞於庭 是可忍也 孰不可忍也

三家者 以雍徹 子曰 相維辟公 天子穆穆 奚取於三家之堂

子曰 人而不仁 如禮何 人而不仁 如樂何

林放 問禮之本 子曰 大哉問 禮 與其奢也 寧儉 喪 與其易也 寧戚

子曰 夷狄之有君 不如諸夏之亡也

季氏旅於泰山 子謂冉有曰 女不能救與 對曰 不能 子曰 嗚呼 曾謂泰山

不如林放乎

子曰 君子無所爭 必也射乎 揖讓而升 下而飮 其爭也君子

공자가 말했다. "계씨네 집에서 팔일무를 하였으니, 세상 풍조가 갈 데까지 가버린 셈이구나."

세 정승 집에서 하늘제사를 드렸다. 공자가 말했다. "모름지기 재상들이란 천자를 도와 받들어야 할 뿐이다. 어찌 세 정승 집에서 야단법석들인가."

공자가 말했다. "사람이 어질지 못하면, 예가 무슨 소용이리요. 사람이 어질지 못하면, 음악 따위가 무슨 소용이 있으리요."

임방이 예의 근본을 물으니 공자가 말했다. "중요한 문제이다. 예란 떠들썩하기보다는 단순해야 한다. 장례도 얼렁뚱땅 해치우기보다는 정성을 다해야 한다."

공자는 말한다. "오랑캐 나라에 군주가 있어도, 중국 땅에 임금 없는 것만 못하다."

계씨가 태산에서 제사를 지냈다. 공자가 염유에게 말했다. "어찌 말리지 못했는가." 대답하되, "어쩔 수 없었습니다." 공자가 말했다. "아뿔사, 태산이 어찌 임방만도 못한 신세가 되었는고."

공자가 말했다. "군자는 다툼이 없다. 기껏해야 활 쏠 때에 인사하고 올라갔다가 내려와 한 모금 마실 뿐이다. 이것이 군자의 다툼이다."

3-2

하나님은 영이시니 예배하는 자가 신령과 진정으로 예배할지니라(요 4, 24).

子夏問曰 巧笑倩兮 美目盼兮 素以爲絢兮 何謂也 子曰 繪事 後素 曰
禮後乎 子曰 起予者 商也 始可與言詩已矣

子曰 夏禮吾能言之 杞不足徵也 殷禮吾能言之 宋不足徵也 文獻不足
故也 足則吾能徵之矣

子曰 禘自旣灌而往者 吾不欲觀之矣 或問禘之說 子曰不知也 知其說
者之於天下也 其如示諸斯乎 指其掌 祭如在 祭神如神在 子曰 吾不與
祭如不祭

王孫賈 問曰 與其媚於奧 寧媚於竈 何謂也 子曰 不然 獲罪於天 無所
禱也

子曰 周監於二代 郁郁乎文哉 吾從周

子入大廟每事問 或曰 孰謂鄹人之子知禮乎 入大廟每事問 子聞之曰
是禮也

　　자하가 물었다. "'아름다운 미소와 예쁜 눈, 하얗게 빛나네'라는 노래
는 무슨 뜻인가요." 공자가 말했다. "그림 위에 희게 칠한다는 말이다."
자하가 덧붙인다. "예로써 마무리하는 것이군요." 공자가 말했다. "자하
가 나를 일깨우는구나. 이제 너와 더불어 시를 논할 수 있겠구나."

　　공자가 말했다. "하나라 예법을 말할 수 있지만, 지금 남은 자료가
별로 없다. 은나라 예법도 말할 수 있지만, 이 또한 남은 게 별로 없다.
자료가 남은 것이 없기 때문이니, 만약 남았다면 능히 다룰 수 있으리
라."

공자가 말했다. "하늘제사 절차 따위는 굳이 살펴보고 싶지 않다." 그런데 어떤 사람이 하늘제사를 물었다. 공자가 말했다. "알 수 없다. 천하에 이를 알려줄 수 있다면 얼마나 좋을까. 마치 손바닥 보는 것 같을 것이다. 제사드릴 때는 실제로 있는 것처럼, 예배드릴 때는 하느님 계신 것같이 하라."

공자가 말했다. "만일 제사에 참여하지 않았다면 제사 드린 것이 아니다."

왕손가가 물었다. "안방에 기척이 없으니, 차라리 부엌데기와 얘기하는 편이 낫지 않을까요." 공자가 말했다. "아니오. 하늘에 죄를 지으면 빠져나갈 길이 없는 법이오."

공자가 말했다. "주나라는 2대를 거쳐 다듬어졌다. 어디 하나 나무랄 데 없으니, 나는 주나라를 따르겠다."

공자가 태묘에 들어가서 꼼꼼히 물었다. 그러자 사람들이 쑤근댔다. "도대체 누가 추인의 아들이 예를 안다했는가. 태묘에 와서 묻기만 하는구나." 공자가 이를 듣고 말했다. "예를 갖춘 것뿐이다."

3-3

순종이 제사보다 낫고, 듣는 것이 숫양의 기름보다 나으니(삼상 15, 22).

子曰 射不主皮 爲力不同科 古之道也
子貢 欲去告朔之餼羊 子曰 賜也爾愛其羊 我愛其禮

子曰 事君盡禮 人以爲諂也

定公 問君使臣臣事君 如之何 孔子 對曰 君使臣以禮 臣事君以忠

子曰 關雎 樂而不淫 哀而不傷

哀公 問社於宰我 宰我 對曰 夏后氏以松 殷人以栢 周人以栗 曰使民戰

栗 子聞之曰 成事不說 遂事不諫 旣往不咎

　　공자가 말했다. "활 쏘는 것은 가죽을 뚫고자 함이 아니다. 힘쓰는
바가 각각 같지 않으니, 이것이 옛 가르침이다."

　　자공이 곡삭제사를 없애려고 했다. 공자가 말했다. "얘야, 너는 그
제물을 아까워하는구나. 나는 그 제사를 아낀다."

　　공자가 말했다. "예로써 임금을 섬기려는데, 사람들은 아첨이라 말
하는구나."정공이 물었다. "임금이 신하를 거느리고 신하가 임금을 섬
기는 법도가 있나요" 공자가 대답했다. "임금은 예로써 신하를 대하고,
신하는 충성을 다합니다."

　　공자가 말했다. "관저는 즐거우나 흐트러짐이 없고, 아련하지만 지
나침이 없다."

　　애공이 재아에게 사직에 대해 물었다. 재아가 대답했다. "하후씨는
소나무를 썼고, 은나라는 잣나무를 썼으며, 주나라는 밤나무를 썼습니
다. 백성들을 두렵게 한 것입니다." 공자가 이를 듣고 말했다. "지난 일
은 들추지 말고, 끝난 일은 끄집어내지 말라. 이미 지난 일이니 더 따지
지 않는다."

경건의 모양은 있으나 경건의 능력은 부인하는 자니 이같은 자들에게서 네가 돌아서라(딤후 3,5).

子曰 管仲之器小哉 或曰管仲儉乎 曰管氏有三歸 官事不攝焉得儉 然
則管仲知禮乎 曰 邦君樹塞門 管氏亦樹塞門 邦君爲兩君之好有反坫
管氏亦有反坫 管氏而知禮 孰不知禮
子語魯大師樂曰 樂其可知也 始作翕如也 從之純如也 皦如也 繹如也
以成
儀封人 請見曰 君子之至於斯也 吾未嘗不得見也 從子見之 出曰二三
者何患於喪乎 天下之無道也久矣 天將以夫子爲木鐸
子謂韶盡美矣又盡善也 謂武盡美矣未盡善也
子曰 居上不寬 爲禮不敬 臨喪不哀 吾何以觀之哉

　공자가 말했다. "관중의 그릇이 작구나." 어떤 이가 말했다. "그래도 검소하지 않습니까." 대답하되, "그는 세 집을 거느렸다. 부리는 이가 많았는데 어찌 검소하다 하는가." 말하되, "그래도 예를 알지 않습니까." 대답하되, "임금이 꾸미는 것처럼 꾸며놓고 임금이 행동하는 것처럼 거드름 피우니, 그것도 예이겠구나."

　공자가 노나라 대사악에 대해 이야기했다. "그 음악은 이렇다. 처음에는 발맞추듯 울려 퍼지고, 뒤따라서 고운 음이 이어진다. 힘찬 소리가 뒤따르고, 여러 가지 음이 엮어지면서 마무리된다."

국경을 지키는 이가 뵙기를 청하며 말했다. "군자가 이곳에 이를 때마다 내가 빠짐없이 만나 뵈었다." 제자들이 안내하니, 뵙고 나와 말했다. "당신들이 어찌 염려하느냐. 천하에 도가 사라진지 오래이니, 장차 하늘이 저를 목탁 삼으리라."

공자가 말했다. "소 음악은 아름답고 또한 매우 좋구나. 무 음악은 아름답기는 하지만 썩 좋지는 않구나."

공자가 말했다. "윗사람이 너그럽지 않고, 우러러 예를 행하지 않으며, 어려운 이들을 아파함이 없다. 이제 더 이상 무엇을 말하리요."

＊＊＊

요즈음 우리 사회에서는 자살이라는 문제가 단연 으뜸되는 주제입니다. 세계에서 가장 빠르게 부자나라로 손꼽히게 되었다고 떠들썩한데 말입니다. 그런데 주로 경제적인 이유 때문에 가장 많이 세상을 등지는 우리 현실은 참 어처구니가 없습니다. 비단 경제적인 문제뿐만 아니라 우울증을 비롯한 정신건강의 문제가 날로 심각한 사회문제가 되고 있습니다. 이는 단순히 경제적인 이유를 넘어서 우리 사회가 그만치 정신적인 빈곤에 허덕이고 있다는 사실을 보여줍니다.

「팔일」편에서는 사람이 자신의 본분을 망각하고 마구잡이로 하늘을 대신하려는 어리석은 욕망에 대해 경계하는 내용으로 가득합니다.

신하로서 임금을 잘 보살피기보다는 서로 임금노릇하려고 날뛰는 당시 춘추전국시대의 풍조를 날카롭게 지적하고 있기 때문이지요. 까닭에 하늘을 거스르면 그 어디에도 기도할 바가 없다는 식의 묵직한 선언이 등장합니다. 그런데 사바사바하면서 살아가게 마련인 우리 인간들의 현실은 언제나 녹록치 않습니다. 이런 가운데에서 '어떻게 살 것인가'라는 엄중한 숙제는 늘 우리 주위를 맴돌게 마련입니다.

그런데 이런 문제는 비단 오늘만의 문제가 아닙니다. 춘추전국시대를 살아가던 수천 년 전에도 인간 세상에는 이러한 문제가 끊임없이 주변을 맴돌고 있었습니다. 논어에서는 바로 「팔일」편을 통하여 이러한 문제를 차근차근 짚어보고 있습니다. 우선 고대 봉건사회에서 일어나고 있었던 사회의 무질서와 혼란이 일어나고 있던 현장을 생생하게 묘사합니다. 이것은 바로 약육강식이 판을 치는 무자비한 인간세계의 적나라한 모습입니다.

이 속에서 하늘의 뜻을 헤아린다는 것은 그야말로 눈을 씻고도 찾아보기 어려운 일입니다. 그럼에도 공자는 하늘의 뜻과 질서를 꿋꿋하게 선포합니다. 재미있는 것은, 남들이 헤아리기 어려울 정도로 끝없는 재물과 권력을 손에 쥐고 있는 사람일수록 그 맛에 취해서인지 더욱 눈앞에 뵈는 게 없다는 사실입니다. 그래서 「팔일」에서는 수단과 방법을 가리지 않고 제 욕심을 채우기 위해 제 멋대로 살아가는 이들을 낱낱이 지적합니다. 이는 분명 하늘의 뜻과 질서에 어긋나는 일입니다.

구약성서에서 이와 비슷한 주제를 다루는 곳이 바로 사사기입니다. 그중에서도 여룹바알이라 불리던 이스라엘의 영웅으로 기드온이 있습니다. 그런데 그의 아들 가운데 아비멜렉이란 자가 유독 임금이 되려고 야단법석입니다. 바로 이 때 앞서 인용한 요담의 우화가 등장합니다. 아비멜렉은 이른바 '왕자의 난'을 치루며 수십 명의 형제들과 많은 사람들을 모조리 희생시키면서 임금이 되려고 발버둥을 치지요. 그리고 용케 살아남은 기드온의 또 다른 아들 요담은 우화를 통해 어리석음을 일깨웁니다.

요담의 비유에 나온 이야기처럼, 사실 포도나무와 감람나무, 그리고 무화과나무는 진정 나무들의 임금이 되기에 나무랄 데가 전혀 없습니다. 그런데 정작 인간세상에서 자칭 임금이랍시고 날뛰는 가시나무 같은 이들은 그야말로 꼴불견이 아닐 수 없습니다. 까칠하기 이를 데 없는 자신의 주제도 모르고, 오히려 남을 착취하고 괴롭히면서 많은 백성들을 고달프게 몰아가니까요.

비단 임금이나 지도자들뿐만 그런 것이 아닙니다. 여느 사람들이 살아가는 방식도 마찬가지입니다. 단지 편하고 이롭다는 이유를 내세워서 우리의 마음과 몸가짐을 무너뜨리는 일이 마구잡이로 주변에서 벌어집니다. 그렇지만 이처럼 욕심에 사로잡혀 일을 벌이다가는, 자칫 우리 삶 전체가 무너질 수도 있다는 점을 공자는 엄중히 제자들에게 일깨웁니다. 그래서인지 제물을 아까워하다가 그만 하늘을 공경하는 마음을 잃어버린 제자 자공의 이야기도 아울러 등장합니다. 하늘이 우리 인간들의 중심을 꿰뚫어보고 있다는 사실을 넌지시 일러주었던 겁니다.

4 장

「里仁」— 어찌 그리 선하고 아름다운고

형제가 연합하여 동거함이 어찌 그리 선하고 아름다운고(시 133,1).

子曰 里仁爲美 擇不處仁 焉得知

子曰 不仁者 不可以久處約 不可以長處樂 仁者 安仁 知者 利仁

子曰 惟仁者也 能好人 能惡人

子曰 苟志於仁矣 無惡也

子曰 富與貴 是人之所欲也 不以其道得之 不處也 貧與賤 是人之所惡也

不以其道得之 不去也 君子 去仁 惡乎成名 君子 無終食之間違仁 造次

必於是 顚沛必於是

子曰 我未見好仁者 惡不仁者 好仁者 無以尙之 惡不仁者 其爲仁矣

不使不仁者加乎其身 有能一日 用其力於仁矣乎 我未見力不足者 蓋

有之矣 我未之見也

子曰 人之過也 各於其黨 觀過 斯知仁矣

　　공자가 말했다. "어진 이웃과 사는 것은 아름다운 일이다. 어진 이가 아니라면 어찌 이를 알 수 있을까."

　　공자가 말했다. "어질지 못한 이는, 어려움을 이겨내지 못하며 즐거움도 오래가지 못한다. 어진 이는 편안히 인에 거하고, 지혜로운 이는 더욱 어질게 된다."

　　공자가 말했다. "참으로 어진 이라야 제대로 사람을 사랑하고 미워할 수 있다."

　　공자가 말했다. "진실로 어진 이라면 어떠한 거리낌도 없다."

　　공자가 말했다. "부한 것과 고귀한 것은 누구나 바라는 바이나, 올바르게 얻지 못한다면 결코 취하지 않는다. 가난과 비천함은 누구든지 거리끼는 바이나, 그렇다고 요리조리 애써 피하지 않는다. 군자가 인을 멀리하면 어찌 고개를 들 수 있을까. 군자는 밥 먹는 중에도 인에 어긋남이 없다. 어떤 어려움과 곤란이 닥쳐와도 마찬가지이다."

　　공자가 말했다. "나는 인을 사랑하고 불인을 꺼리는 이를 아직 보지 못했다. 어진 사람은 물론이거니와, 불인한 것을 꺼리는 이는 불인한 것이 몸에 미칠까 늘 스스로 돌아본다. 하루 정도는 힘써 어진 마음으로 살 수 있을 텐데. 나는 이제까지 힘이 부족한 이를 보지 못했다. 아마도 있을 테지만 나는 아직 보지 못했다."

　　공자가 말했다. "사람의 허물은 끼리끼리 어울리는 데에서 비롯된다. 이런 실수를 알아차린다면 가히 어질다고 할 수 있다."

4-2

내가 갈 길을 가야 하리니 선지자가 예루살렘 밖에서는 죽는 법이 없느니라(눅 13, 33).

子曰 朝聞道 夕死可矣

子曰 士 志於道而恥惡衣惡食 未足與議也

子曰 君子之於天下也 無適也 無莫也 義之與比

子曰 君子懷德 小人懷土 君子懷刑 小人懷惠

子曰 放於利而行 多怨

子曰 能以禮讓 爲國乎 何有 不能以禮讓爲國 如禮何

子曰 不患無位 患所以立 不患莫己知 求爲可知也

子曰 參乎 吾道 一以貫之 曾子曰 唯 子出 門人問曰 何謂也 曾子曰
夫子之道 忠恕而已矣

子曰 君子喩於義 小人喩於利

子曰 見賢思齊焉 見不賢而內自省也

공자가 말했다. "아침에 도를 들으면 저녁에 죽어도 좋다."

공자가 말했다. "선비가 도에 뜻을 두고도 옷과 음식을 따진다면 더
불어 얘기할 값어치도 없다."

공자가 말했다. "군자는 모름지기 세상을 살아갈 때에 특별히 바라

는 것도 없고 꺼리는 것도 없다. 언제나 의로운가를 따질 뿐이다."

공자가 말했다. "군자는 덕을 탐하지만, 소인은 땅을 탐한다. 군자는 어려움도 감수하나, 소인은 떡고물만 찾는다."

공자가 말했다. "이로운 것만 좇아다니면 원망만 늘어날 뿐이다."

공자가 말했다. "예양(禮讓)으로 나라를 다스릴 수 있다면, 뭐가 더 필요하겠는가. 예양으로 나라를 다스리지 못한다면, 예 따위가 무슨 쓸모 있겠는가."

공자가 말했다. "자리를 탐하기보다는 스스로를 힘써 다잡는다. 나를 드러내기보다는 남을 헤아려 알기에 힘쓴다."

공자가 말했다. "증자야, 나의 가르침은 한 가지이다." 증자가 말했다. "알았습니다." 나중에 제자들이 뜻을 물었다. 증자가 말했다. "선생님의 도는 충서(忠恕)일 뿐이다."

공자가 말했다. "군자는 의를 따르고, 소인은 이익을 좇는다."

공자가 말했다. "지혜로운 이를 보면 닮아가기를 힘쓰고, 어리석은 이를 보면 스스로를 돌아본다."

4-3

고르반하면 안 된다(막 7,11).

子曰 事父母 幾諫 見志不從 又敬不違 勞而不怨
子曰 父母在 不遠遊 遊必有方

子曰 三年無改於父之道 可謂孝矣

子曰 父母之年 不可不知也 一則以喜 一則以懼

공자가 말했다. "부모 섬길 때 뜻이 합하지 않아도 공경하고 거스르지 말며, 따르되 원망치 않는다."

공자가 말했다. "부모가 계실 때에는 멀리 다니지 않으며, 나갈 때는 반드시 찾아가 아뢴다."

공자가 말했다. "3년간 부모의 가르침을 지킨다면, 가히 효라고 말할 수 있다."

공자가 말했다. "부모님 날 수는 꼬박꼬박 챙긴다. 하루하루가 다르기 때문이다."

4-4

듣기는 속히 하고 말하기는 더디 하며 성내기도 더디 하라(약 1,19).

子曰 古者 言之不出 恥躬之不逮也

子曰 以約失之者 鮮矣

子曰 君子 欲訥於言而敏於行

子曰 德不孤 必有隣

子游曰 事君數 斯辱矣 朋友數 斯疏矣

공자가 말했다. "옛날에는 함부로 입을 열지 않았다. 미처 행하지 못할까 염려했기 때문이다."

공자가 말했다. "삼가 조심하는 데도 실수하는 경우는 드물다."

공자가 말했다. "군자는 말함에 더디고, 행함에는 서두른다."

공자가 말했다. "덕은 외롭지 않다. 반드시 이웃이 있다."

자유가 말했다. "섬기는 것이 많으면 고생이 바가지요. 친구가 너무 많으면 서먹서먹해진다."

＊＊＊

공자가 말하는 인의 세계를 가만히 들여다보면, 죽음까지도 마다하지 않고 지켜내려는 모습이 적나라하게 드러납니다. 이러한 이유 때문에 종교적으로는 순교의 자세와 엇비슷하다는 생각이 듭니다. 특별히 이 「이인」이라는 장에서는, 공자가 말하는 이러한 묵직한 종교적 선율이 더욱 뚜렷하게 드러납니다. 게다가 재미있는 것은 이러한 종교적 세계가 밥 먹고 똥 누는 생활과 동떨어져 있지 않다는 겁니다. 매일의 일상에 녹아있는 듯한 모습으로 나타나기 때문입니다.

까닭에 핑가레트(H. Fingarette) 같은 이는, 이러한 논어의 세계가 종교와 세속을 갈라놓은 서구적인 종교양태와는 많이 다르다고 보았습니다. 그의 저서(*Confucius: The Secular as Sacred*, 『공자, 밥 먹고 똥 누는 성자』)에서 보이듯이 제목이 풍기는 냄새부터가 매우 시사적입니다. 이러한 공자의 삶과 가르침, 거룩과 일상이 나눠지지 않고 일치되어 있는 모습을 잘 그리고 있기 때문입니다. 이른바 서구 기독교에서는 낯설었던 성속(聖俗)의 일치라는 것이, 동아시아에서는 일찌감치 자리 잡고 있었다는 사실을 보여주는 셈입니다. 다시 말해서 『성자가 된 청소부』인 셈이고, 이런 까닭에 '인간이 되신 하나님'이라는 임마누엘 기독교 복음의 성격이 아주 잘 드러납니다.

이쯤에서 서세동점(西勢東漸)하던 서구 제국주의 시절을 돌이켜보면, 우리나라에서 불같이 일어났던 동학(東學)이 유난히 눈에 뜨입니다. 왜 인고 하니, 그 속에 일찌감치 '사람이 곧 하늘이다'(人乃天, 人是天)라는 가르침이 우뚝하게 자리 잡고 있기 때문입니다. 그리고 이러한 아시아의 뿌리 깊은 지혜와 가르침은, 참혹한 전쟁을 겪으며 신의 죽음이라는 황량한 정신세계의 수렁에서 허우적거리던 현대 서구신학에 커다란 등대가 되어줍니다.

'하나님 없이', '하나님 앞에서', '하나님과 더불어' 성숙한 신앙으로 거듭나는 세계를 죽음으로 보여준 나치 독일 치하의 신학자 D.본회퍼 목사는 대표적 사례입니다. 그는 하나님 형상대로 지음 받은 인간으로서 고귀한 책임을 일깨우는 삶을 살았고, 죽음에 이르는 순간까지 뚜벅뚜벅 발걸음을 머뭇거리지 않았습니다. 이러한 본회퍼 목사의 삶과 가르침은, 그가 남겨놓은 글들과 함께 엉거주춤 길을 잃어버린 서구 현대신학에게 새로운 이정표가 되어줍니다.

일찍이 성과 속을 나누는 휘장을 찢었던 예수 사건처럼, 오늘날 현대신학에서 정갈한 보석처럼 빛나는 것이 바로 본회퍼 목사입니다. 그런데 가만히 살펴보면, 이는 비폭력주의나 평화주의를 내세우는 동양

사상에 크게 기대고 있습니다. 20세기 미 대륙의 흑백갈등을 이겨낸 마틴루터 킹 목사도 마찬가지입니다. 특히 성서에 나타난 예수의 선포도 여기에서 크게 벗어나지 않습니다. 예수님의 언행을 증언하는 복음서에서는 생활신앙과 하나님 섬김을 나누어보지 않기 때문이지요.

그래서인지 마가복음에서는 '고르반'하는 유대인들의 신앙을 가장 위험하다고 보았습니다(막 7,11). 이 말은 거창하게 하나님 섬긴다는 종교적 의무를 앞세워 육신의 부모 섬기는 것을 소홀히 하던 이중적인 신앙인의 모습을 일깨우는 가르침입니다. 『요한 1서』에서는 이러한 가르침을 본받아 또렷하게 한 걸음 더 앞으로 나아갑니다. 눈에 보이는 형제를 사랑하지 못한다면, 보이지 않는 하나님을 사랑할 수 없다고 단언하고 있으니까요(4,20).

몇 해 전 떠들썩하니 치러진 교육감 선거가 문득 생각납니다. 여론조사에서도 다른 이들을 압도하던 이가 마지막 순간 그만 낙마하고 말았습니다. 가만히 되짚어보면, 선거를 치르는 과정에서 집안의 사소한 실마리가 일파만파로 번져가면서 사람들 입에 오르내리게 되고요, 차츰 후보자의 속살이 적나라하게 세상에 드러납니다. 결국 뚜껑을 열어보니, 수신제가치국평천하(修身齊家治國平天下)라는 말이 꼭 들어맞았습니다. 묵묵히 가정을 지키고 자녀를 성실하게 키워낸 이에게 그만 표가 몰리고 말았으니까요.

이러한 사태를 가만히 지켜보면, 동아시아에서 공자가 남겨놓은 한마디, 한 걸음이 오늘까지도 얼마나 큰 영향을 끼치는지 잘 드러납니다. 이른바 '수신제가치국평천하'라는 가르침을 보면, 평범한 일상과 전 우주를 하나로 엮어 바라보는 동아시아의 뿌리 깊은 세계관이 펼쳐집니다. 서구사회에서 이러한 가르침의 영향력을 새삼스레 깨달은 사람이 있지요. 이른바 '집단무의식'(the collective unconscious)이란 용어를 통해 정신문화의 깊은 우물을 들여다보았던 C.구스타프 융이 바로 주인공입니다. 그러기에 그는 동아시아라는 문화적 동일체의 정신세계를 쥐락펴락하는 공자의 가르침을 주의 깊게 보라고 일깨워준 셈입니다.

5 장

「公冶長」 ― 귀히 쓰는 그릇이 되어

5-1

자기를 깨끗하게 하면 귀히 쓰는 그릇이 되어(딤후 2, 20).

子謂 公冶長 可妻也 雖在縲絏之中 非其罪也 以其子妻之

子謂 南容 邦有道 不廢 邦無道 免於刑戮 以其兄之子妻之

子謂 子賤 君子哉 若人 魯無君子者 斯焉取斯

子貢問曰 賜也 何如 子曰 女器也 曰何器也 曰瑚璉也

　　공자가 공야장에 대해 말했다. "사위 삼을 만하다. 비록 지금 누명을
쓰고 있지만 실상은 죄가 없다." 그러면서 자기 딸을 주었다.
　　공자가 남용에 대해 말했다. "나라에 도가 있다면 쓸모 있는 사람이
요, 나라에 도가 없어도 살아갈 수 있는 인물이다." 이윽고 형님의 딸을

주었다.

공자가 자천에 대해 말했다. "이 사람은 군자답다. 노나라에 군자다운 이가 없었다면 어찌 이런 사람이 나올 수 있을까."

자공이 물었다. "저는 어떻습니까." 공자가 말했다. "너는 그릇이다." 다시 묻되, "어떤 그릇입니까." 대답하되, "제사에 쓰이는 귀한 그릇이다."

5-2

화 있을진저 외식하는 서기관들과 바리새인들이여 회칠한 무덤 같으니 겉으로는 아름답게 보이나 그 안에는 죽은 사람의 뼈와 모든 더러운 것이 가득하도다(마 27, 23).

或曰 雍也 仁而不佞 子曰 焉用佞 御人以口給 屢憎於人 不知其仁 焉用佞

子使 漆雕開仕 對曰 吾斯之未能信 子說

子曰 道不行 乘桴浮于海 從我者 其由與 子路 聞之喜 子曰 由也 好勇過我 無所取材

孟武伯問 子路仁乎 子曰 不知也 又問 子曰 由也 千乘之國 可使治其賦也 不知其仁也 求也何如 子曰 求也 千室之邑百乘之家 可使爲之宰也 不知其仁也

赤也何如 子曰 赤也 束帶立於朝 可使與賓客言也 不知其仁也

子謂子貢曰 女與回也孰愈 對曰 賜也何敢望回 回也聞一以知十 賜也
聞一以知二 子曰 弗如也 吾與女 弗如也

어떤 사람이 말했다. "염옹은 어질지만 말이 어눌합니다." 공자가 말
했다. "겉만 번지르르하면 무슨 쓸모가 있겠느냐. 남의 말이나 가로채
고 여러 사람들에게 미움만 살 뿐이다. 어진 것은 모르겠지만 겉만 번지
르르하면 뭣에 쓰겠는가."

공자가 칠조개에게 벼슬을 권했다. 그러자 그가 대답했다. "제가 벼
슬을 잘 할 수 있을지 아직 자신이 서질 않습니다." 이에 공자가 기뻐했다.

공자가 말했다. "도가 스러졌으니 조각배나 타고 먼 바다로 나가야
겠다. 나를 따라올 이는 자로뿐이겠구나." 자로가 이를 듣고 기뻐했다.
이에 공자가 말했다. "자로는 나보다 꿈이 야무지구나. 어디 될 법이나
하겠는가."

맹무백이 물었다. "자로는 어진 사람인가?" 공자가 잘 모르겠다고
말했다. 다시 물으니 공자가 말했다. "자로는 천승(千乘)의 나라에 재상
을 맡길 만하나, 어진 사람인지는 잘 모르겠군요." 염구는 어떤가 물으
니, 공자가 말했다. "염구는 천 가구가 사는 읍과 백승을 거느린 지방에
서 재상을 할 만하나, 어진 사람인지는 모르겠군요." 적은 어떤 사람인
가 물으니 공자가 말했다. "예복을 갖춰 입고 조정에 나아가 사절을 맞
이하는 일을 맡길 만하나, 어진 사람인지는 모르겠군요."

공자가 자공을 보고 말했다. "너와 안회 중 누가 더 나은가." 자공이
답했다. "안회를 어찌 저와 비교하십니까. 안회는 하나를 들으면 열을

헤아리지만, 저는 둘 밖에 모릅니다." 공자가 말했다. "그렇지, 나와 너는 미치지 못할 거야."

5-3

영혼 없는 몸이 죽은 것 같이 행함이 없는 믿음은 죽은 것이니라(약 2,26).

宰予 晝寢 子曰 朽木不可雕也 糞土之墻不可杇也 於予與何誅 子曰
始吾於人也 聽其言而信其行 今吾於人也 聽其言而觀其行 於予與 改是
子曰 吾未見剛者 或對曰 申棖 子曰 棖也慾 焉得剛
子貢曰 我不欲人之加諸我也 吾亦欲無加諸人 子曰 賜也 非爾所及也
子貢曰 夫子之文章 可得而聞也 夫子之言 性與天道 不可得而聞也
子路 有聞 未之能行 唯恐有聞
子貢問曰 孔文子 何以謂之文也 子曰 敏而好學 不恥下問 是以謂之文也
子謂 子産 有君子之道四焉 其行己也恭 其事上也敬 其養民也惠 其使
民也義
子曰 晏平仲 善與人交 久而敬之
子曰 臧文仲 居蔡 山節藻梲 何如其知也

재여가 낮잠을 잤다. 공자가 말했다. "썩은 나무는 쓸 데가 없다. 거름덩어리로 담장을 꾸밀 수 있겠는가. 재여를 탓해서 무엇하리요." 공자가 말했다. "이전에는 말만 듣고 그 사람을 헤아렸다. 지금은 말 뿐만 아니라 행동거지까지 살피게 되었다. 재여 때문에 생각이 바뀌었다."

공자가 말했다. "나는 이제껏 올곧은 사람을 보지 못했다." 어떤 이가 대꾸했다. "신정을 보라." 공자가 말했다. "그가 나름 애쓰고 있지만, 과연 올곧은 사람일까."

자공이 말했다. "사람들이 나에게 닦달하는 것을 원치 않는다. 나 또한 남에게 뭐라 닦달하지도 않는다." 공자가 말했다. "자공아, 이러쿵저러쿵 얘기할 필요도 없느니라."

자공이 말했다. "선생님 문장은 듣기도 하고 얻어 볼 수 있다. 그런데 선생님 말씀 중에 성(性)과 천도(天道)에 대해서는 찾아보기 힘들다."

자로는 듣고서 혹 따르지 못할까 하여 듣는 것조차 늘 삼가곤 했다.

자공이 물었다. "공문자에게 어찌 문(文)이라는 이름을 덧붙이나요." 공자가 말했다. "열심히 배움에 부지런하고, 누구에게나 묻기를 서슴지 않는다. 그러니 과연 문이라고 칭송할 만도 하겠지."

공자가 자산에 대해 말했다. "군자의 길에 네 가지가 있다. 행동거지가 공손하고, 일 처리할 때 겸손하며, 백성을 너그러이 다독이고, 백성을 이끌되 의로움으로 한다."

공자가 말했다. "안평중은 사람과 잘 어울리는구나. 오래도록 서로가 공경한다."

공자가 말했다. "장문중은 대궐같이 꾸며놓고 사는구나. 도대체 제정신인가."

이는 힘으로 되지 아니하며 능력으로 되지 아니하고 오직 나의 영으로 되느니라
(슥 4, 6).

子張問曰 令尹 子文 三仕爲令尹 無喜色 三己之 無慍色 舊令尹之政
必以告新令尹 何如 子曰 忠矣 曰仁矣乎 曰未知 焉得仁
崔子弑齊君 陳文子 有馬十乘 棄而違之 至於他邦 則曰 猶吾大夫崔子
也 違之至一邦則 又曰 猶吾大夫崔子也 違之 何如 子曰 淸矣 曰仁矣
乎 曰未知 焉得仁
季文子 三思而後行 子 聞之曰 再斯可矣
子曰 甯武子 邦有道則知 邦無道則愚 其知 可及也 其愚 不可及也
子 在陳曰 歸與歸與 吾黨之小子 狂簡 斐然成章 不知所以裁之

　자장이 물었다. "자문이 세 번이나 총리대신을 했는데 기뻐하는 기
색도 없고, 세 번이나 쫓겨났는데 툴툴거리지도 않습니다. 게다가 새
총리에게 꼼꼼히 가르쳐주었으니 어떻습니까." 공자가 말했다. "충성스
럽다." 이에 다시 물었다. "어진 사람입니까" 대답하되, "글쎄, 어질다
하기에는 좀 그렇구먼."

　최저가 제나라 임금을 죽이니, 이에 대부 진문자가 벼슬을 버리고
떠났다. 다른 나라에서 최자와 같은 꼴을 보고 다시 떠났다. 또 다른 나
라에서 최저와 같은 꼴을 보자 다시 그 곳을 떠났다. "과연 어떠합니까."

공자가 대답했다. "흠이 없구나." 이에 다시 물었다. "어질지 않습니까." 공자가 대답했다. "글쎄, 어질다하기엔 좀 그렇구만."

계문자는 세 번 생각한 뒤에야 비로소 몸을 움직였다. 이를 보고 공자가 말했다. "두 번이면 충분하다."

공자가 말했다. "영무자라는 사람은 나라에 도가 있을 때 지혜로웠고, 도가 사라지니 어리석었다. 그 지혜는 괜찮지만, 그 어리석음은 썩 내키지 않는다."

공자가 진나라에 머물 때 말했다. "돌아가자, 돌아가자. 우리 젊은이들이 우뚝하니 시원시원하며 아름다운 모습이로되 어찌할 바를 모르는구나."

5-5

경건의 모양은 있으나 경건의 능력은 부인하는 자니 이같은 자들에게서 네가 돌아서라(딤후 3,5).

子曰 伯夷 叔齊 不念舊惡 怨是用希
子曰 孰謂 微生高 直 或乞醯焉 乞諸其隣而與之
子曰 巧言令色足恭 左丘明恥之 丘亦恥之 匿怨而友其人 左丘明恥之 丘亦恥之
顏淵 季路 侍 子曰 盍各言爾志 子路曰 願車馬衣輕裘與朋友共 敝之而無憾 顏淵曰 願無伐善無施勞 子路 願聞子之志 子曰 老者安之 朋友信

之 少者懷之

子曰 已矣乎 吾 未見能見其過而內自訟者也

子曰 十室之邑 必有忠臣如丘者焉 不如丘之好學也

공자가 말했다. "백이와 숙제는 지나간 허물을 기억하지 않았다. 까닭에 원망하는 바가 거의 없었다."

공자가 말했다. "누가 미생고를 정직하다고 하는가. 어떤 이가 식초를 얻으러 오니 이웃집에서 꾸어다가 주었다."

공자가 말했다. "말을 다듬고, 번지르르하게 꾸미는 것, 지나친 겸손 등을 좌구명은 부끄럽게 여겼다. 나 역시 그렇다. 칼을 품고 친구와 사귀는 것을 좌구명은 부끄럽게 여겼다. 나 또한 마찬가지이다."

안연과 자로가 모였을 때 공자가 말했다. "각기 품은 뜻을 말해보거라." 이에 자로가 말했다. "마차와 멋진 옷들조차도 허물없이 벗들과 나누고 싶습니다." 안연이 말했다. "특별하게 떠벌일 것도 없고, 자랑할 바도 없습니다." 자로가 말했다. "선생님 뜻은 뭐지요" 공자가 말했다. "늙은이는 편안케 하고, 벗들과는 믿음이 두텁고, 어린이는 돌보아주는 것이다."

공자가 말했다. "참으로 아쉽구나. 스스로 과오를 돌아보고 뉘우치는 사람을 아직 나는 보지 못했다."

공자가 말했다. "조그만 마을에도 나 같은 충신은 어디에나 있으리라. 하지만 나만큼 배우기 좋아하는 이는 아마 없을 것이다."

＊＊＊

「공야장」편에는 진리의 세계와 이 진리를 따라 살아가는 여러 인물에 관한 이야기가 담겨 있습니다. 진리의 세계를 헤아리기란 쉬운 일이 아니라서, 좀처럼 그 끝을 쉬이 알기 어렵습니다. 물론 진리는 불변하는 것이겠지만, 사람 사는 곳에서는 이러저러한 일들이 복잡하게 얽혀 일어나게 마련입니다. 그리고 그 속에서 똑같은 강물은 두 번 다시 흐르지 않습니다. 다양한 처지에서 각 사람들이 별별 일을 겪으며 나름대로 헤쳐 나갈 테니까요

그러므로 진리를 아는 것으로만 그친다면, 이는 그다지 큰 의미가 없습니다. 어떤 시대나 어느 곳에서나 진리를 꾸준하게 실천해나가는 것이 더 중요하겠지요. 그래서 「공야장」에서는 여러 가지 모양의 처신이 나타나고 사람들의 입에 오르내립니다. 이러한 가운데 사람들이 세상을 헤쳐 나가는 모습이 차곡차곡 쌓이면서 문화의 나이테가 형성되고, 이른바 동아시아 문명의 '집단무의식'(the collective unconscious) 세계가 추려지는 것이지요.

여기에서 공자가 강조하려는 바는, 사람의 탈을 뒤집어썼다고 모두가 사람은 아니라는 사실입니다. 아마도 믿음이 두터워지는 세상을 열어나가는 사람들이 필요하다고 보았기 때문일 겁니다. 날씨가 좋을 수도 있겠지만, 궂은 날도 피할 수 없는 것이 세상 살아가는 이치입니다. 그렇다고 궂은 날과 좋은 날에 따라 오락가락하는 여느 인생들처럼 마음이 뒤죽박죽 되어버린다면 세상은 어떻게 될까요. 약육강식이 판치

던 춘추전국시대를 살아가던 공자의 안타까운 마음이 느껴지지 않습니까. 사도 바울이 말했던 것처럼, 삼라만상의 모든 존재들이 뒤엉켜서 부대끼는 가운데 탄식과 신음소리만 가득한 세상일 테니까 말입니다 (롬 8,22: 피조물이 다 이제까지 함께 탄식하며 함께 고통하는 것을 우리가 아나니).

가만히 따져보면, 비단 공자가 살던 춘추전국 시대만 그랬겠습니까. 사람 사는 세상이라면 그 어디나 다 마찬가지일 겁니다. 새삼스레 수천 년 전이나 오늘, 그리고 동양과 서양을 굳이 나눌 필요가 없다는 말이지요. 그러므로 고전의 세계란 모름지기 인류가 살아남기 위해 꼭 필요한 예방주사가 아닐까 싶습니다. 귀찮기도 하거니와 현대인들에게는 가까이하기에 무척 낯선 세계가 바로 고전입니다. 때문에 다가가기 힘들어 슬그머니 피하고 싶은 것이 인지상정입니다. 그래도 아픈 만큼 성숙해질 테니, 꾹 참고 예방주사 맞듯이 마음을 다잡아 꾸역꾸역 책장을 펼쳐 봅니다.

6 장

「雍也」 — 사람을 낚는 어부가 되게 하리라

6-1

사람을 낚는 어부가 되게 하리라(마 4,19).

子曰 雍也 可使南面

仲弓問 子桑伯子 子曰 可也簡 仲弓曰 居敬而行簡 以臨其民 不亦可乎
居簡而行簡 無乃大簡乎 子曰 雍之言 然

哀公問 弟子 孰爲好學 孔子對曰 有顔回者好學 不遷怒 不貳過 不幸
短命死矣 今也則亡 未聞 好學者也

子華 使於齊 冉子 爲其母請粟 子曰 與之釜 請益曰 與之庾 冉子 與之
粟五秉 子曰 赤之適齊也 乘肥馬 衣輕裘 吾聞之也 君子 周急不繼富

原思 爲之宰 與之粟九百 辭 子曰 毋 以與爾鄰里鄕黨乎

공자가 말했다. "중궁은 다스릴만한 재목감이다."

중궁이 물었다. "자상백자는 어떤가요." 공자가 답하되, "그럭저럭 쓸 만하다." 중궁이 말했다. "스스로를 다잡아 거침없이 행하고, 백성을 대한다면 어찌 뭐라 하겠습니까. 안에서나 밖에서나 막무가내로 거칠다면 좀 지나치지 않습니까." 공자가 말했다. "옹의 말이 맞다."

애공이 물었다. "제자 가운데 누가 학문이 뛰어납니까." 공자가 답했다. "학문이 뛰어난 안회가 있었지요. 스스로를 돌아보아 실수를 되풀이하지 않았으나, 불행히 일찍 죽었습니다. 그리고 아직 학문을 이룬 사람을 보지 못했습니다."

자화가 제나라에 심부름을 갔다. 염자가 그 가족을 위해 곡식을 청하니 공자가 말했다. "알맞게 주어라." 이에 넉넉하게 달라 청하니, 공자가 조금 더 주라 했다. 그런데 염자는 더 많이 주었다. 공자가 말했다. "좋은 말 타고 좋은 옷 입고 가는 사람 아닌가. 모름지기 군자란 어려운 이를 돌아보고 재물을 밝히지 않는다."

원사가 재상이 되었다. 곡식을 구백이나 주니 사양하였다. 공자가 말했다. "받거라. 그리고 널리 이웃에게 베풀어라."

6-2

이는 참 이스라엘 사람이라 그 속에 간사한 것이 없도다(요 1, 47).

子謂 仲弓曰 犁牛之子 騂且角 雖欲勿用 山川其舍諸

子曰 回也 其心 三月不違仁 其餘則日月至焉而已矣

季康子問 仲由 可使從政也與 子曰 由也 果於從政乎 何有 曰 賜也
可使從政也與 曰 賜也 達於從政乎 何有 曰 求也 可使從政也與 曰
求也 藝於從政乎 何有

季氏 使閔子騫爲費宰 閔子騫曰 善爲我辭焉 如有復我者則 吾必在汶
上矣

伯牛有疾 子 問之 自牖執其手曰 亡之 命矣夫 斯人也 而有斯疾也 斯
人也 而有斯疾也

子曰 賢哉 回也 一簞食 一瓢飮 在陋巷 人不堪其憂 回也 不改其樂
賢哉 回也

공자가 중궁을 가리켜 말했다. "엄마소가 어쨌든 간에, 뿔과 털이 훌
륭한 소라면 사람들이 몰라본들 세상이 그를 버리겠는가."

공자가 말했다. "안회는 마음만 먹으면 석 달 동안 인에서 벗어나지
않았다. 그 정도라면 세월이 흐른다 한들 쉬 변하겠는가."

계강자가 물었다. "중유는 벼슬할 만합니까. 공자가 말했다. "용감
무쌍하니 나라 일에 별 탈이 없겠지요." 다시 묻되, "자공은 맡길 만합니
까. "사물에 통달하니 별 탈 없겠지요." 또 묻되, "구는 어떨까요." "예를
아는 자니 별 탈 없겠지요."

계씨가 민자건을 비읍의 재상으로 세우니, 민자건이 말했다. "나를
위한다면 거절하는 뜻을 잘 말해주시오. 다시 나를 찾는다면, 반드시
강 건너 떠날 것이오."

백우가 병이 심하니 공자가 찾아가 창문으로 손을 붙잡고 말했다. "하늘도 무심하구나. 이런 인물이 몹쓸 병에 걸리다니, 몹쓸 병에 걸리다니."

공자가 말했다. "안회는 지혜롭구나. 한 끼니 한 모금 마시면서 누추한 곳에 사는구나. 사람들은 근심하며 감당치 못하는데, 안회는 즐겁고 감사할 따름이니 훌륭하기 이를 데 없구나."

6-3

시험에 들지 않게 깨어 있어 기도하라 마음에는 원이로되 육신이 약하도다 하시고(막 14,38).

冉求曰 非不說子之道 力不足也 子曰 力不足者 中道而廢 今女畵
子謂子夏曰 女爲君子儒 無爲小人儒
子游 爲武城宰 子曰 女得人焉爾乎 曰 有澹臺滅明者 行不由徑 非公事
未嘗至於偃之室也
子曰 孟之反 不伐 奔而殿 將入門 策其馬 曰 非敢後也 馬不進也

염구가 말했다. "선생님의 도를 기뻐하지 않는 것은 아닙니다. 그저 힘이 부족할 따름이지요." 공자가 말했다. "힘이 부족하면 그 때 물러나면 된다. 너는 지레 선을 긋고 있다."

공자가 자하를 가리켜 말했다. "통 큰 선비가 되고, 쩨쩨한 선비가 되지 말라."

자유가 무성의 재상이 되었다. 공자가 말했다. "인재를 좀 구했는가." 이에 대답하되, "담대멸명이 있습니다. 그는 꼼수를 부리지 않을뿐더러, 이제껏 사사로운 일로 찾아온 적이 한 번도 없습니다."

공자가 말했다. "맹지반은 속이 깊다. 싸움에 밀리자 맨 나중에 후퇴하였고, 성문에 다다르자 채찍질하며 말했다. '용감해서가 아니라, 말이 굼뱅이라서 늦었다.'"

6-4

진리를 알찌니 진리가 너희를 자유케하리라(요 8,32).

子曰 不有祝鮀之佞 而有宋朝之美 難乎免於今之世矣
子曰 誰能出不由戶 何莫由斯道也
子曰 質勝文則野 文勝質則史 文質彬彬 然後君子
子曰 人之生也 直 罔之生也 幸而免
子曰 知之者 不如好之者 好之者 不如樂之者
子曰 中人以上 可以語上也 中人以下 不可以語上也

공자가 말했다. "축타의 말솜씨와 송조의 미모가 없다면, 요즘 세상에서 살아남기란 쉽지 않을 것이다."

공자가 말했다. "문을 열지 않고서 어찌 바깥출입을 할 수 있을까.

이 도를 말미암지 않고 무슨 일을 할 수 있을까."

공자가 말했다. "재주가 틀을 벗어나면 너무 거칠어지고, 틀이 재주를 이기면 너무 밋밋해진다. 틀과 재주가 알맞게 어울려야 비로소 군자라 말할 수 있다."

공자가 말했다. "사람이 사는 바는 올곧음일 뿐이다. 구부러진 삶은 요행을 바라며 근근이 이어가는 것에 불과하다."

공자가 말했다. "아는 것은 좋아하는 것만 못하고, 좋아하는 것은 즐기는 것만 못하다."

공자가 말했다. "보통사람 이상은 좋은 말로써 대할 수 있지만, 보통사람 이하는 좋은 말로 통하기 어렵다."

6-5

소금이 만일 그 맛을 잃으면 무엇으로 짜게 하리요(마 5,13).

樊遲問知 子曰 務民之義 敬鬼神而遠之 可謂知矣 問仁 曰 仁者 先難而後獲 可謂仁矣

子曰 知者樂水 仁者樂山 知者動 仁者靜 知者樂 仁者壽

子曰 齊一變 至於魯 魯一變 至於道

子曰 觚不觚 觚哉 觚哉

宰我問曰 仁者 雖告之曰井有仁焉 其從之也 子曰 何爲其然也 君子可逝也 不可陷也 可欺也 不可罔也

번지가 앎에 대해 물었다. 공자가 말했다. "백성을 두루 보살피고, 귀신을 공경하여 삼가면, 비로소 안다고 할 수 있다." 인에 대해 물으니 대답하되, "어진 사람은 어려운 일에 앞장서고 끝마무리도 잘한다. 이러면 비로소 어질다고 할 수 있다."

공자가 말했다. "지혜로운 자는 물과 어우러지고, 어진 이는 산과 어우러진다. 지혜로운 자는 활동적이고, 어진 이는 깊이 생각한다. 지혜로운 자는 즐거움이 가득하고, 어진 이는 삶이 오래도록 이어진다."

공자가 말했다. "제나라가 한번 변하면 노나라처럼 되고, 노나라가 한번 변하면 드디어 도에 이른다."

공자가 말했다. "뿔 달린 그릇인데, 뿔이 없다면 어찌 그릇일까, 어찌 그릇일까."

재아가 물었다. "어진 이라면 우물에 인이 빠졌다고 할 때 따라가야 합니까." 공자가 말했다. "어찌 그러겠는가. 군자는 차근차근 살피고 함부로 덤비지 않는다. 얼렁뚱땅해도 쉬 넘어가지 않는다."

6-6

남에게 대접을 받고자 하는 대로 너희도 남을 대접하라(마 7,12).

子曰 君子 博學於文 約之於禮 亦可以弗畔矣夫
子見南子 子路不悅 夫子 矢之曰 予所否者 天厭之 天厭之
子曰 中庸之爲德也 其至矣乎 民鮮久矣

子貢曰 如有 博施於民 而能濟衆 何如 可謂仁乎 子曰 何事於仁 必也
聖乎 堯舜 其猶病諸 夫仁者 己欲立而立人 己欲達而達人 能近取譬
可謂仁之方也已

공자가 말했다. "군자는 널리 학문의 세계를 익히고, 이를 예악(禮
樂)으로 다듬는다. 이로써 크게 어긋나는 일이 없으리라."

공자가 남자를 만나니, 자로가 툴툴거렸다. 공자가 맹서하며 말했
다. "내게 부끄러운 일이 있었다면, 하늘이 나를 버리시리라. 하늘이 나
를 버리시리라."

공자가 말했다. "중용의 덕이 지극하기 그지없으니, 좀처럼 이루기
어렵다."

자공이 말했다. "널리 백성에게 베풀고 뭇사람을 보살핀다면 어질다
고 말할 수 있나요." 공자가 말했다. "어질다 뿐이겠느냐. 분명 성인이
리라. 이는 요순(堯舜) 또한 늘 씨름하던 문제였다. 대저 어진 사람은
우뚝 서고 싶으면 먼저 사람들을 세워주고, 통달하고 싶으면 먼저 다른
이들을 북돋아준다. 내 몸처럼 생각한다면 이는 인을 이루는 방법이리라."

＊＊＊

6장 「옹야」편에서도 앞서 「공야장」에서와 같이 각 인물들이 등장하
면서, 공자의 세계를 대변해주는 여러 가지 이야기들이 펼쳐집니다. 특

별히 이 부분에는 성서에 나타난 황금률이나 산상수훈 등 여러 가지 교훈들과 엇비슷한 내용들이 담겨있기 때문에 눈길을 끄는 부분이 많습니다. 마치 갓 쓰고 도포 입은 모습으로 예수님을 그렸던 화가의 작품을 보는 것처럼, 복음이 동아시아 문화와 글자라는 옷을 입고 나타난 듯한 느낌입니다.

훌륭한 선생과 제자들과의 오고가는 이야기에서 드러나는 이같은 공자의 삶은 흥미롭기 그지없습니다. 시대와 동서를 가리지 않고 인간 세상에서 부딪히게 마련인 복잡다단한 삶의 여정이 한 편에 있고, 다른 한 편에는 이를 술술 풀어가는 귀중한 지혜가 담겨있기 때문입니다. 특별히 이 옹야 편에서는 하늘에 빗대어 표현하는 종교적인 언설이 빈번히 등장하기에 우리 눈길을 끌기에 충분합니다.

하늘을 우러러 한 점 부끄러움 없는 삶을 이야기하는 모습이라든지, 마주치는 이웃을 자신의 몸처럼 아끼고 배려하라는 가르침은, 성서에서도 늘 대하는 낯설지 않은 가르침입니다. 이러한 마음씨는 한마디 한마디가 그대로 복음서의 황금률을 많이 닮았습니다. 이러한 가르침들은 보이지 않는 신령한 세계를 겪어보지 않은 이들이라면 쉽사리 입 밖에 꺼낼 수 없기 때문일까요. 하늘나라의 신비로운 지평을 먹구름 사이로 언뜻언뜻 보여주었던 춘추전국시대 성현의 생생한 기운이 저절로 느껴지는 대목입니다.

그래서인지 인생도처유청산(人生到處有靑山)을 노래하는 사람이 있는 한 편으로, '내 주 예수 모신 곳이 그 어디나 하늘나라'라고 찬양하는 사람 또한 있었는가 봅니다. 이처럼 머나먼 지구 반대쪽에서, 수천 년 전에 같은 노래가 울려 퍼졌다는 사실이 새록새록 놀랍지 않습니까. 언뜻 성서에서 야곱이 정처 없이 홀로 헤매다가 하나님을 만나는 장면이 떠오릅니다. 사막의 한가운데를 헤매다가 하늘을 지붕 삼고 땅을 베게삼아 누웠는데, 문득 하나님의 집을 발견한 나그네 인생처럼(창 28,16-19) 서로가 너무나 닮았습니다. 진리의 세계는 이처럼 시대와 동서를 막론하고 무궁무진한 하나님의 신비를 간직하고 있군요.

7 장

「述而」 ─ 폐하러 온 것이 아니요

7-1

폐하러 온 것이 아니요 완전케하려 함이로라(마 5,17).

子曰 述而不作 信而好古 竊比於我老彭

子曰 默而識之 學而不厭 誨人不倦 何有於我哉

子曰 德之不修 學之不講 聞義不能徙 不善不能改 是吾憂也

子之燕居 申申如也 夭夭如也

子曰 甚矣吾衰也 久矣吾不復夢見周公

子曰 志於道 據於德 依於仁 游於藝

子曰 自行束脩以上 吾未嘗無誨焉

子曰 不憤不啓 不悱不發 擧一隅 不以三隅反 則不復也

공자가 말했다. "새로 만들기보다는 뜻을 되새기고, 진심으로 옛 것을 사랑하니, 아마 노팽이 그러했을 것이다."

공자가 말했다. "잠잠하여 힘써 헤아리고, 배움에 게으르지 않으며, 가르침에 열심을 다하니 무엇을 더 바라리요."

공자가 말했다. "덕에 힘쓰지 못하며, 배움에 제대로 풀어내지 못하고, 뜻을 헤아려 이루지 못하며, 힘써 허물을 고치지 못하니, 이것이 늘 나의 근심일 뿐이다."

공자가 집에 머무를 때는 털털하니 지내시고 늘 싱글벙글이었다.

공자가 말했다. "나도 이제 늙었는가보다. 꽤 오랫동안 꿈속에 주공이 나타나지 않는구나."

공자가 말했다. "항상 도(道)에 뜻을 두고, 덕(德)을 이루는 데 힘쓰며, 인(仁)하기를 잊지 않고, 예(藝)를 따라 살아간다."

공자가 말했다. "꾸러미를 들고 찾아온 이들은 모두 열심히 가르쳐 주었다."

공자가 말했다. "열심을 내지 않으면 가르칠 수 없고, 떨치지 않으면 나아갈 수 없다. 하나를 일깨움에 세 번 거듭 헤아리지 않으면 더 이상 다그치지 않는다."

7-2

즐거워하는 자들로 함께 즐거워하고 우는 자들로 함께 울라(롬 12,15).

子 食於有喪者之側 未嘗飽也 子 於是日 哭則不歌

子謂 顔淵曰 用之則行 舍之則藏 惟我與爾 有是夫

子路曰 子行三軍 則誰與 子曰 暴虎馮河 死而無悔者 吾不與也 必也臨
事而懼 好謀而成者也.

子曰 富而可求也 雖執鞭之士 吾亦爲之 如不可求 從吾所好

子之所愼 齊 戰 疾

子 在齊聞韶 三月不知肉味 曰不圖爲樂之至於斯也

공자는 상갓집에 갈 때 배불리 먹지 않았고, 이 날에 곡을 했으면 노래를 흥얼거리지 않았다.

공자가 안연을 가리켜 말했다. "벼슬에 나아가면 즉시 실천하고, 물러나면 잠잠히 머무르는 이는 아마도 너와 나 둘 뿐이리라."

자로가 말했다. "선생님이 삼군(三軍)을 거느린다면 누구와 함께 하시겠나요." 공자가 말했다. "사나운 호랑이와 거친 강물에 겁 없이 뛰어드는 녀석과는 함께 갈 수 없다. 때를 살펴 삼가고, 잘 헤아려서 일을 마무리하는 사람이 필요하다."

공자가 말했다. "재물을 얻을 수 있다면, 나 또한 마차라도 몰 생각이 있다. 그렇게 할 수 없다면, 내가 좋아하는 것을 따르겠다."

공자가 늘 삼가 헤아린 것은 제사와 전쟁과 질병의 문제였다.

공자가 제나라에서 소 음악을 들으매 석 달 동안 고기를 입에 대지 않았다. 그리고 이렇게 말했다. "음악이 이다지도 깊은지는 진정 몰랐다."

여우도 굴이 있고 공중의 새도 집이 있으되 인자는 머리 둘 곳이 없도다(눅 9,58).

冉有曰 夫子爲衛君乎 子貢曰諾 吾將問之 入曰 伯夷叔齊 何人也 曰古
之賢人也 曰怨乎 曰求仁而得仁又何怨 出曰 夫子不爲也

子曰 飯疏食飮水 曲肱而枕之 樂亦在其中矣 不義而富且貴 於我與浮雲

子曰 加我數年 五十以學易 可以無大過矣

子 所雅言 詩書執禮 皆雅言也

葉公 問孔子於子路 子路不對 子曰 女奚不曰其爲人也 發憤忘食 樂而
忘憂 不知老之將至云爾

子曰 我非生而知之者 好古 敏以求之者也

子 不語 怪力亂神

子曰 三人行 必有我師焉 擇其善者而從之 其不善者而改之

염유가 말했다. "선생님께서 위나라를 도우실까요." 자공이 말했다.
"내가 여쭈어봄세." 이윽고 공자에게 물었다. "백이와 숙제는 어떻습니
까." 답하되, "옛날 지혜로운 사람들이다." 자공이 물었다. "원한이 남았
을까요." 답하되, "인을 바라고 인을 얻었는데 뭐가 아쉬울까." 자공이
돌아와 말했다. "위나라를 떠나실거야."

공자가 말했다. "나물 먹고 물 마시며 팔 베고 누웠으니 아쉬울 것
없구나. 불의와 재물과 영화가 내게 무슨 상관이리요."

공자가 말했다. "내가 몇 년 짬을 내어 오십 번 정도 역(易)을 익힌다면, 어느 정도 삶을 마무리할 수 있을 텐데."

공자는 늘 아언(雅言)을 썼다. 시경과 서경, 예를 행할 때에는 모두 아언을 썼다.

섭공이 자로에게 공자에 대해 물으니, 자로가 대답하지 않았다. 공자가 말했다. "이렇게 말해야지. 스승님은 시작했다 하면 먹는 것도 잊고 즐거워하며 근심 없이 나아가니, 나이 먹는 것조차 모를 정도입니다."

공자가 말했다. "나는 지식을 타고난 사람이 아니다. 그저 옛 것을 좋아하고, 부지런히 그것을 익히는 사람일 뿐이다."

공자는 기이하거나 신통방통한 일은 한 마디도 입 밖에 내지 않았다.

공자가 말했다. "세 사람 가운데 반드시 나의 선생이 있게 마련이다. 선한 것을 헤아려 부지런히 따르고, 선하지 않은 것은 이를 고쳐나간다."

7-4

내게 능력 주시는 자 안에서 내가 모든 것을 할 수 있느니라(빌 4,12-13).

子曰 天生德於予 桓魋 其如予何
子曰 二三子 以我爲隱乎 吾無隱乎爾 吾無行而不與二三子者 是丘也
子 以四敎 文行忠信

子曰 聖人 吾不得而見之矣 得見君子者 斯可矣

子曰 善人 吾不得而見之矣 得見有恒者 斯可矣 亡而爲有 虛而爲盈
約而爲泰 難乎有恒矣

子 釣而不綱 弋不射宿

子曰 蓋有不知而作之者 我無是也 多聞擇其善者而從之 多見而識之
知之次也

互鄉而難與言 童子見 門人惑 子曰 與其進也 不與其退也 唯何甚 人潔
己以進與其潔也 不保其往也

　공자가 말했다. "하늘이 나에게 덕을 내려주셨는데, 어찌 환퇴를 두
려워하겠나."

　공자가 말했다. "너희들은 내가 뒷구멍으로 사바사바하는 것을 본
적이 있느냐. 나는 너희들과 함께하지 않은 것이 없다. 이것이 내 참 모
습이다."

　공자는 네 가지를 가르쳤다. 문(文), 행(行), 충(忠), 신(信)에 관한
가르침이다.

　공자가 말했다. "성인의 세계는 감히 내가 넘보지 못하는 바이다. 군
자에 관해서는 그런 대로 한 마디 할 수 있을 것이다."

　공자가 말했다. "나는 선인(善人)을 넘보지도 못한다. 변치 않는 굳
센 사람이 아마 있을 것이다. 아무것도 없지만 모든 것을 지니며, 비어
있는 듯하나 꽉 찬 사람, 초라해보여도 위대한 사람이 드물지만 어디엔
가 있으리라."

공자는 낚시하되 그물로 싹쓸이하지 않았고, 사냥하되 자는 것을 쏘지 않았다.

공자가 말했다. "무턱대고 책을 지어내는 경우가 있는데, 나는 그렇지 않다. 부지런히 듣고 선을 택하여 이를 따른다. 널리 보고 헤아리는 것이 지식의 순서이다."

호향은 더불어 말하기 어려운 동네인데, 그 곳 젊은이가 찾아오니 제자들이 의심했다. 공자가 말했다. "찾아오면 같이 어울리는 것이고, 물러가면 헤어지는 것이다. 어찌 그리 심하게 구느냐. 마음을 고쳐먹고 왔다면 기꺼이 받아주어야지. 뒷일은 왈가왈부하지 않는다."

7-5

구하라 그러면 너희에게 주실 것이요 찾으라 그러면 찾을 것이요 문을 두드리라 그러면 너희에게 열릴 것이니(마 7,7).

子曰 仁遠乎哉 我欲仁 斯仁至矣

陳司敗問 昭公知禮乎 孔子曰 知禮 孔子退 揖巫馬期而進之 曰吾聞君
子不黨 君子亦黨乎 君娶於吳 爲同姓 謂之吳孟子 君而知禮 孰不知禮
巫馬期以告 子曰 丘也幸 苟有過 人必知之

子 與人歌而善 必使反之 而後和之

子曰 文莫吾猶人也 躬行君子則 吾未之有得

子曰 若聖與仁 則吾豈敢 抑爲之不厭 誨人不倦則 可謂云爾已矣 公西

華曰 正唯 弟子 不能學也

子 疾病 子路請禱 子曰 有諸 子路對曰 有之 誄曰 禱爾于上下神祇

子曰 丘之禱 久矣

子曰 奢則不孫 儉則固 與其不孫也 寧固

子曰 君子坦蕩蕩 小人長戚戚

子 溫而勵 威而不猛 恭而安

　공자가 말했다. "어찌 인이 멀리 있을까. 내가 힘써 원하면, 바로 이 것이 인이로다."

　진사패가 물었다. "소공이 예를 압니까." 공자가 말했다. "그렇다." 공자가 떠나자, 다시 무마기를 찾아가 물었다. "군자는 공평하다 들었 는데, 말짱 거짓이군요. 소공은 성이 같은 부인을 얻어 오맹자로 불렀지 요. 예를 아는 임금이 그럴 수 있나요." 이에 무마기가 공자에게 말하니 대답했다. "나는 복도 많구나. 허물이 있으면, 사람들이 금새 알려주는 구나."

　공자는 사람들과 더불어 즐겨 노래했다. 그러다 흥에 겨우면 반드시 다시 불렀고, 이후에도 즐겨 흥얼거렸다.

　공자가 말했다. "글에 있어서 나는 다른 이들과 비슷하다. 실천하는 데 있어서는 군자를 닮으려고 했지만, 아직 완전하지는 못하다."

　공자가 말했다. "성(聖)과 인(仁)에 관해 내가 무슨 말을 하리오. 부 지런히 행하되 게으르지 않았고, 사람을 가르치되 쉬는 법이 없었을 뿐 이다." 공서화가 말했다. "그렇군요. 우리는 그게 어렵습니다.

공자가 병에 걸렸다. 자로가 기도하기를 청했다. 공자가 말했다. "전례가 있느냐." 자로가 답했다. "예, 옛 글에 보면 하늘과 땅의 신에게 기도했습니다." 이에 공자가 말했다. "그런 기도라면 일찍부터 해왔다."

공자가 말했다. "사치하면 오래 이어지지 못하고, 검소하면 든든하다. 이어지지 못한다면 차라리 든든하리라."

공자가 말했다. "군자는 너그럽기 그지없고, 소인은 허우적거리기 일쑤이다."

공자는 따사롭고 자상하며, 굳건하되 다그치지 않으며, 공손하고 부드러웠다.

＊＊＊

「술이」 편에서는 공자가 지향하고 있는 궁극적인 세계가 무엇인가를 분명하고 뚜렷하게 보여줍니다. 오늘날의 시각으로 보아도 종교적 색채가 짙게 나타나고 있기 때문에, 공자의 가르침이 그저 단순한 지식 습득의 차원에서 그치지 않는다는 것을 알 수 있지요. 과연 그가 바라보았던 또 다른 세계가 무엇이었는지 하나하나씩 짚어가면서 마음에 새겨야 할 듯싶습니다.

특히 해석학이라는 관점에서 짚어볼 때, 이른바 술이부작(述而不作)의 세계는 동아시아 사상사에서 매우 중요한 공자의 위상을 알려줍니다. 공자가 새로운 사조를 만들어 내거나 주장하는 것이 아니라는 점을 분명하게 밝히고 있기 때문입니다. 그런데도 동아시아의 뿌리 깊은 전통을 재해석해내어 새롭게 다듬은 그의 메시지는 놀랍기 그지없습니다. 수천 년을 이어가면서도 변하지 않을 뿐만 아니라, 오히려 동아시아를 뛰어넘어 지구상의 모든 인류에게 새로운 창세기를 열어주었습니다.

일찍이 해 아래 새로운 것이 없다는 말씀이 성서에서도 나타나는데, 이러한 관점에서 예수의 메시지 또한 이러한 정신으로 고대 근동의 예언자 전통을 풀어내는 흐름 가운데 놓여있습니다. 주전 8세기경 고대 전제왕권에서 비롯된 예언자 엘리야 전통을 그대로 이어받은 예수의 선포는, '내 아버지께서 이제까지 일하시니 나도 일한다'(요 5,17)는 소명의식의 발로이기 때문입니다.

그리고 이러한 예언자 전통의 재해석은 그저 주절주절 말만 늘어놓는 빛 좋은 개살구가 아닙니다. 잘 알다시피 예수의 십자가 사건은 죽음에 이르기까지 조금도 흔들림이 없을 정도로 뚜벅뚜벅 나아가는 발걸음이었기 때문입니다. 그러기에 이 살아있는 말씀은 "혼과 영과 및 관절과 골수를 찔러 쪼개기까지"(히 4,12) 제자들의 삶을 뒤흔들었습니다. 그리고 혼란하기 그지없었던 희랍 문명과 로마제국의 대전환기에 보석처럼 빛나며 인류의 귀한 전통으로 널리 퍼져나가지요.

이렇게 속속들이 들여다보노라면, 예수의 발걸음도 그렇거니와 공자가 살아가던 춘추전국 시대에도 진리를 품는다는 것은 그리 간단한 일이 아니었던 듯싶습니다. 그토록 핍박하거나 목숨을 노리는 사람들이 옥여싸는 데도 하등 아랑곳하지 않습니다. 그저 흔들림 없이 하늘이 이끌어가는 대로, 하늘이 보여주는 길을 따라 묵묵히 제 갈 길을 갈 뿐입니다. 술이부작(述而不作)의 신비는, 복음의 세계가 비춰주는 하늘나라의 신령한 비밀을 그대로 닮아있었던 셈입니다.

8 장

「泰伯」 — 나의 달려갈 길을 마치고

나의 달려갈 길을 마치고 믿음을 지켰으니(딤후 4, 7).

子曰 泰伯 其可謂至德也已矣 三以天下讓 民無得而稱焉

子曰 恭而無禮則勞 愼而無禮則葸 勇而無禮則亂 直而無禮則絞 君子

篤於親 則民興於仁 故舊不遺 則民不偸

曾子 有疾 召門弟子曰 啓予足啓予手 詩云 戰戰兢兢 如臨深淵 如履薄

氷 而今而後 吾知免夫 小子

曾子 有疾 孟敬子 問之 曾子言曰 鳥之將死其鳴也哀 人之將死其言也

善 君子所貴乎道者三 動容貌 斯遠暴慢矣 正顏色 斯近信矣 出辭氣

斯遠鄙倍矣 籩豆之事 則有司存

공자가 말했다. "태백의 덕은 지극하기 이를 데 없구나. 세 번씩이나 천하를 양보하니, 사람들 또한 군소리 하나 없구나."

공자가 말했다. "공경하되 예가 없으면 말짱 헛수고이고, 삼가되 예가 없으면 추레해진다. 용맹하되 예가 없으면 시끄럽기만 하고, 올곧되 예가 없으면 각박할 뿐이다. 군자는 가까운 이에게 진실하니 백성들 또한 어질게 되고, 옛 것을 저버리지 않으니 백성들 또한 진득하게 된다."

증자가 병이 들자 제자들을 불러 말했다. "내 발과 손을 주물러보아라. 시경은 노래한다. 두렵고 떨림으로 삼가고 삼갈지니라. 깊은 물가에 이른 것처럼, 살얼음을 밟는 것처럼, 늘 삼가고 살필지니라. 얘들아, 나는 이제 비로소 짐을 벗는구나."

증자가 병들자 맹경자가 찾아와 물었다. 증자가 대답했다. "새들도 세상을 떠날 때는 슬피 웁니다. 사람이 죽음 앞에서는 그 말이 진실합니다. 군자가 도에 있어 귀한 것이 세 가지입니다. 몸가짐이 선선하니, 이는 거칠거나 날뛰는 것을 물리칩니다. 얼굴색을 가다듬으니, 이는 믿음직합니다. 말 씀씀이가 남다르니, 이는 경거망동이나 허물을 바로잡습니다. 그리고 세세한 제사법은 실무자에게 맡기세요."

8-2

근심하는 자 같으나 항상 기뻐하고 가난한 자 같으나 많은 사람을 부요하게 하고 아무 것도 없는 자 같으나 모든 것을 가진 자로다(고후 6,10).

曾子曰 以能問於不能 以多問於寡 有若無 實若虛 犯而不校 昔者吾友
嘗從事於斯矣

曾子曰 可以託 六尺之孤 可以寄 百里之命 臨大節而 不可奪也 君子人
與 君子人也

曾子曰 士不可以不弘毅 任重而道遠 仁以爲己任 不亦重乎 死而後已
不亦遠乎

증자가 말했다. "넉넉한 마음이니 부족한 자에게 묻고, 박식한 자이
니 초보자에게 묻는다. 아무것도 없지만 모든 것을 지니며, 비어있는
듯하나 가득하고, 무례한 것 같지만 결코 다그치지 않는다. 옛날에 친구
가 있었는데, 늘 이런 모습이었다."

증자가 말했다. " 어린 꼬마를 능히 부탁할 수 있고, 나라의 앞날을
맡길 수 있다. 굳은 마음으로 이리저리 휘둘리지 않으면, 가히 군자가
아닐까. 과연 군자로구나."

증자가 말했다. "선비란 모름지기 늠름하고 떳떳할 뿐이니, 맡은 바
가 무겁고 도(道)는 끝이 없다. 인으로써 책임을 다하니 무겁기 그지없
고, 죽음으로 마쳐야 하니 또한 그 짐이 끝이 없다."

8-3

시와 찬미와 신령한 노래들로 서로 화답하며 너희의 마음으로 주께 노래하며 찬
송하며(엡 5,19).

子曰 興於詩 入於禮 成於樂

子曰 民可使由之 不可使知之

子曰 好勇疾貧 亂也 人而不仁 疾之已甚 亂也

子曰 如有周公之才之美 使驕且吝 其餘不足觀也

子曰 三年學 不至於穀 不易得也

공자가 말했다. "시를 읊으며 일깨우고, 예로 자리 잡게 되며, 음악으로 완성된다."

공자가 말했다. "사람을 타이를 수는 있다. 하지만 깨닫게 하기는 어렵다."

공자가 말했다. "제 멋대로 날뛰고, 빈궁함을 꺼리는 자는 어지럽게 마련이다. 사람들이 모질어 이를 더욱 멀리하니 어지럽기 그지없다."

공자가 말했다. "주공의 뛰어난 재주가 있다 한들, 교만하고 인색하면 더 이상 얘기할 나위가 없다."

공자가 말했다. "3년을 배우고도 벼슬을 구하지 않는 이는 거의 없다."

8-4

뒤에 있는 것은 잊어버리고 앞에 있는 것을 잡으려고 푯대를 향하여(빌 3,13).

子曰 篤信好學 守死善道 危邦不入 亂邦不居 天下 有道則見 無道則隱

邦有道 貧且賤焉 恥也 邦無道 富且貴焉 恥也

子曰 不在其位 不謀其政

子曰 師摯之始 關雎之亂 洋洋乎盈耳哉

子曰 狂而不直 侗而不愿 悾悾而不信 吾不知之矣

子曰 學如不及 猶恐失之

　　공자가 말했다. "굳센 믿음으로 부지런히 배우고 죽음에 이르도록
도를 지킨다. 위태로운 곳은 들어가지 않으며, 어지러운 나라에는 머물
지 않는다. 천하에 도가 있으면 드러내고, 도가 없으면 물러난다. 도가
행해지는 데도 가난하고 천하면 치욕이다. 도가 사라졌는데 부하고 귀
하다면 또한 치욕스럽다."

　　공자가 말했다. "마땅한 자리가 아니면, 함부로 나라 일에 나서지 않
는다."

　　공자가 말했다. "악사 지의 음악과 관저의 음악은 크고도 장엄하구
나."

　　공자가 말했다. "열정은 있으나 올곧지 못하고, 큰소리치지만 꼼꼼
하지 못하며, 열심을 다해보지만 미덥지 못하니, 도대체 상종하지 못하
겠구나."

　　공자가 말했다. "배움에 이르지 못하며, 오히려 잃을까 염려한다."

저희가 믿음으로 나라들을 이기기도 하며 의를 행하기도 하며 약속을 받기도 하며 사자들의 입을 막기도 하며(히 11,33).

子曰 巍巍乎 舜禹之有天下也 而不與焉
子曰 大哉 堯之爲君也 巍巍乎 唯天爲大 唯堯則之蕩蕩乎 民 無能名焉
巍巍乎其有成功也 煥乎其有文章
舜 有臣五人而天下治 武王曰 予有亂臣十人 孔子曰 才難不其然乎 唐
虞之際 於斯爲盛 有婦人焉 九人而已 三分天下 有其二 以服事殷 周之
德 其可謂至德也已矣
子曰 禹 吾無間然矣 菲飮食而致孝乎鬼神 惡衣服而致美乎黻冕 卑宮
室而盡力乎溝洫 禹 吾無間然矣

　공자가 말했다. "우뚝하구나, 순과 우 임금의 다스림이여. 도무지 넘볼 수 없구나."

　공자가 말했다. "크도다, 요 임금이여. 우뚝하구나. 오직 천하가 그지없을 뿐인데, 요 임금 또한 끝이 없도다. 백성은 그 이름조차 모르는구나. 우뚝하구나 그 이룬 공이여. 찬란하구나, 그 문장이여."

　순 임금은 다섯 신하와 더불어 천하를 다스렸다. 무왕이 말했다. "나는 뛰어난 신하 열 명이 있다." 공자가 말했다. "그런 인재들이 또 어디 있으리오. 당우지제 태평성대에 부인과 아홉 신하로구나. 천하가 셋으로 나뉘매 둘을 가지고도 은나라를 섬겼으니, 주나라의 덕은 실로 지극한 덕이라 말할 수 있다."

공자가 말했다. "우 임금은 더 말할 나위가 없도다. 채소로 음식을 삼고 귀신을 정성스레 섬기며 의복을 따지지 않되, 제사 옷은 정성되이 갖춰 입고 궁궐을 꾸미기보다는 강둑을 든든히 하였다. 우 임금은 더 말할 나위가 없다."

✳ ✳ ✳

8장 「태백」편에서는 동아시아의 뿌리 깊은 전통을 찬찬이 되새기면서, 이를 통해 하늘이 그 뜻을 이 땅에 펼쳐보이셨다는 일련의 종합적인 역사관을 보여줍니다. 이렇듯 요·순의 태평성대와 하나라, 은나라, 주나라의 오랜 역사에 걸쳐 이루어지는 하늘의 섭리에 관한 말씀을 읽다보면, 마치 성서에서 아브라함의 하나님, 이삭의 하나님, 야곱의 하나님을 끊임없이 되뇌는 듯한 모습을 떠올리게 합니다.

기나긴 세월 동안 떠돌이 민족을 돌보시고 약속의 땅을 마련해주신 하늘의 뜻을 새로이 되새기는 모습과 얼추 비슷하기 때문입니다. 그런데 여기에 등장하는 믿음의 조상들 이름과 발자취는 언제나 중요합니다. 거친 세상에서 흔들리기 쉬운 후손들의 삶에 매우 중요한 기준으로 우뚝하게 서 있기 때문이지요. 동아시아에서도 이러한 모습은 조금도 다르지 않습니다.

일찍이 요·순의 태평성대를 비롯하여 하, 은, 주 시대와 춘추전국 시대에 이르기까지 하늘의 섭리는 생생하기 그지없습니다. 손가락으로 헤아릴 수 없을 정도의 수많은 인물들이 얼굴을 내밀고 장승처럼 우뚝 서 삶의 발자취를 남기고 있기 때문입니다. 오고가는 수많은 임금들과 신하들의 삶은, 하나하나씩 쌓여가다가 마침내 태산처럼 커다란 숲이 되어 떠억하니 동아시아의 전통으로 자리를 잡습니다.

그리고 동아시아의 깊은 산골짜기에 깃들이거나 혹은 끝없이 펼쳐진 너른 그늘아래서 수천 년 동안 뭇 생령들의 삶을 이끌고 돌보아줍니다. 그리고 오늘 우리는, 지구마을이 서로 이웃집처럼 오고가며 마실 다니는 놀이터처럼 가까워진 21세기를 살아가고 있습니다.

그런데 마주치는 이웃들과 이야기를 나누다보면, 이들은 수천 년 동안 이어져온 서로 다른 전통과 얼굴색에도 불구하고 아득히 먼 나라 사람들이 아닙니다. 마치 이삼일 전에 만난 개울 건너 윗마을 사람들처럼 스스럼없이 어울립니다. 마찬가지로 논어와 성서가 나란히 옆자리에 앉아 사근사근 이야기를 나눌 수 있었던 비밀이 바로 여기에 있습니다.

9 장
「子罕」 ─ 자기보다 남을 낫게 여기고

오직 겸손한 마음으로 각각 자기보다 남을 낮게 여기고(빌 2,3).

子 罕言 利與命與仁

達巷黨人曰 大哉 孔子 博學而無所成名 子 聞之 謂門弟子曰 吾何執
執御乎 執射乎 吾執御矣

子曰 麻冕 禮也 今也純 儉 吾從衆 拜下 禮也 今拜乎上 泰也 雖違衆
吾從下

子 絶四 毋意 毋必 毋固 毋我

공자는 이로운 것과 천명(天命)과 인(仁)에 대해 별로 남긴 말씀이
없다.

달항마을 사람이 말했다. "잘 났소, 공자여. 그 많은 학식에도 남긴 것은 별로 없구나." 공자가 이를 듣고 제자들에게 말했다. "내가 뭘 좀 해볼까. 수레를 몰아볼까. 활을 잡아볼까. 아마 활 쏘는 편이 좀 나으리라."

공자가 말했다. "마 모자를 쓰는 것이 예에 맞는데, 오늘날은 모두 검소하게 순면 모자를 쓴다. 나는 일반적인 것을 따르겠다. 아래 뜰에서 절하는 것이 맞다. 오늘날에는 보통 윗 뜰에서 예배하는데 너무 지나친 감이 있다. 그래서 사람들과는 달리 나는 아래에서 예배하겠다."

공자에게는 네 가지 원칙이 있었다. 첫째로, 꼭 이래야 된다는 것이 없었다. 둘째로, 반드시 해야 된다는 것도 없었다. 셋째로, 한사코 고집하는 것도 없었다. 넷째로, 나만 옳다고 바득바득 우기지도 않았다.

9-2

여기를 떠나소서 헤롯이 당신을 죽이고자 하나이다(눅 13,31).

子 畏於匡 曰文王旣沒 文不在玆乎 天之將喪斯文也 後死者 不得與於
斯文也 天之未喪斯文也 匡人 其如予何
大宰 問於子貢曰 夫子聖者與 何其多能也 子貢曰 固天縱之將聖又多
能也 子聞之曰 大宰知我乎 吾少也賤 故多能鄙事 君子多乎哉 不多也
牢曰 子云 吾 不試 故藝
子曰 吾有知乎哉 無知也 有鄙夫 問於我 空空如也 我 叩其兩端而竭焉

子曰 鳳鳥不至 河不出圖 吾已矣夫
子見 齊衰者 冕衣裳者 與瞽者 見之雖少 必作 過之必趨

공자가 광 지방에서 사로잡혔다. 말씀하시되, "문왕이 죽고 나니 오늘날 문화가 흔적조차 사라졌다. 만약 하늘이 이 문화를 거두어 가신다면, 후세 사람들은 이 문화를 얻을 수 없다. 하늘이 이 문화를 거두시지 않는다면, 광나라 사람인들 어찌 나를 해칠 수 있겠는가."

자공에게 총리대신이 물었다. "공자께서는 성자이구만. 어찌 그리 재주가 많으신가." 자공이 말했다. "분명 하늘이 구별하여 많은 재주를 주셨나봅니다." 공자가 듣고 말했다. "총리가 나를 잘 아는구나. 나는 어려서 가난했기에 잔재주가 많은 것이다. 군자가 재주 많은 것을 보았는가. 그렇지 않다."

뇌가 말했다. "벼슬하지 않으니 예(藝)를 따르는 것이라고 공자는 늘 말씀하셨다."

공자가 말했다. "내가 뭐 아는 게 있나. 잘 몰라. 그저 무지렁이들이 자질구레하게 물으니, 나는 꼼꼼히 짚어 얘기해줄 뿐이지."

공자가 말했다. "봉황은 오지 않고 보물도 자취를 감추니, 나도 떠날 때가 됐구나."

공자는 상중에 있거나 상복 입은 이들, 그리고 소경을 만나면, 나이가 적더라도 굽어보고 지나칠 때까지 기다렸다가 움직였다.

나를 위하여 울지 말고 너희와 너희 자녀를 위하여 울라(누가 23, 28).

顏淵 喟然歎曰 仰之彌高 鑽之彌堅 瞻之在前 忽焉在後 夫子 循循然
善誘人 博我以文 約我以禮 欲罷不能 旣竭吾才 如有所立卓爾 雖欲從
之 末由也已
子 疾病 子路 使門人爲臣 病閒曰 久矣哉 由之行詐也 無臣而爲有臣
吾雖欺 欺天乎 且予 與其死於臣之手也 無寧死於二三子之手乎 且予
縱不得大葬 予 死於道路乎
子貢曰 有美玉於斯 韞匵而藏諸 求善賈而沽諸 子曰 沽之哉沽之哉 我
待賈者也
子 欲居九夷 或曰 陋如之何 子曰 君子居之 何陋之有
子曰 吾 自衛反魯 然後 樂正 雅頌 各得其所
子曰 出則事公卿 入則事父兄 喪事不敢不勉 不爲酒困 何有於我哉

　　안연이 탄식하여 말했다. "우러러보면 한없이 높고, 두드려보아도
도대체 틈이 없네. 번쩍하면 앞에 서고 홀연히 뒤에 계시네. 선생님은
스스럼이 없으시니 사람들이 잘 따른다. 널리 지식을 일깨우고 예로써
나를 잘 이끌어주신다. 너무 힘들어 재주가 모자랄 때는 나를 굳세게
잡아주신다. 다부지게 따라나서지만 끝내 종잡을 수 없을 뿐이다."
　　공자가 병이 들었다. 자로가 사람들로 신하를 삼아 장례를 준비했

다. 잠깐 정신이 돌아오자 공자가 말했다. "자로가 제 버릇 못 고치고 일을 벌였구나. 임금처럼 장례를 치러 어쩌자는 거냐. 하늘을 속이려느냐. 나는 줄줄이 늘어선 신하들보다 너희 품에 죽는 것이 맘 편하다. 뻑적지근하게 장례를 치루지 않았다고 내가 길바닥에서 죽기야 하겠느냐."

자공이 말했다. "여기 아름다운 옥보석이 있습니다. 보배 함에 담아 장롱에 넣어둘까요. 아니면 좋은 값에 팔까요." 이에 공자가 말했다. "팔아야지, 당연히 팔아야지. 나는 좋은 임자를 기다리는 거야."

공자가 오랑캐나라를 그리워했다. 사람들이 물었다. "누추한 곳에 어찌 사시겠습니까." 이에 공자가 말했다. "군자 있는 동네가 어찌 누추하겠느냐."

공자가 말했다. "내가 위나라에서 노나라로 돌아온 후, 음악이 바로 서고 노래가 비로소 제자리를 찾았다."

공자가 말했다. "나아가면 임금을 섬기고 들어오면 부모와 형제를 섬긴다. 상례를 당하면 성심껏 치르고 주색에 빠지지 않으니, 무엇이 더 필요하리요."

9-4

때를 얻든지 못 얻든지 항상 힘쓰라. 범사에 오래 참음과 가르침으로 경책하며 경계하며 권하라(딤후 4, 2).

子 在川上曰 逝者如斯夫 不舍晝夜

子曰 吾 未見好德 如好色者也

子曰 譬如爲山 未成一簣 止 吾止也 譬如平地 雖覆一簣 進 吾往也

子曰 語之而不惰者 其回也與

子謂顔淵曰 惜乎 吾見其進也 未見其止也

子曰 苗而不秀者 有矣夫 秀而不實者 有矣夫

子曰 後生可畏 焉知來者之不如今也 四十五十而無聞焉 斯亦不足畏
也已

子曰 法語之言 能無從乎 改之爲貴 巽與之言 能無說乎 繹之爲貴 說而
不繹 從而不改 吾末如之何也已矣

子曰 主忠信 毋友不如己者 過則勿憚改

　공자가 흐르는 물을 바라보며 말했다. "흐르는 물은 밤낮을 가리지
않는구나."

　공자가 말했다. "나는 덕을 좋아하기를 여인 좋아하듯 하는 이를 보
지 못했다."

　공자가 비유로 말했다. "산더미같이 쌓았더라도 한 바구니가 모자르
다면 내가 미적거린 것이요, 땅을 다질 때에 한 더미라도 얹었다면 바로
내가 마무리한 것이다."

　공자가 말했다. "말하고 게으르지 않은 이는 안회뿐이다."

　공자가 안연에 대해 말했다. "아깝구나. 나는 그가 나아가는 것만 보
았지 포기하는 것을 보지 못했다."

공자가 말했다. "씨 뿌리고 피우지 못하는 경우도 있구나. 꽃이 피었는데 열매 맺지 못하는 경우도 있구나."

공자가 말했다. "젊은 후학들이 두려울 뿐이다. 앞날이 창창한 이들이 지금 사람들과 같지 않음을 어찌 알리요. 40-50세 되도록 일가견이 없다면 거들떠보지 않는다.

공자가 말했다. "올바른 말씀을 어찌 따르지 않으리오. 받들어 고치는 것이 마땅하다. 선하게 이끄는 말이 어찌 고맙지 않으리오. 받들어 새기는 것이 마땅하다. 고개만 끄덕이고 마음에 새기지 않으며 따른다면서 고치지 못한다면, 더 이상 어찌 해볼 도리가 없다."

공자가 말했다. "충성과 믿음을 주춧돌로 삼고, 자기와 같지 않은 이는 친구 삼지 말며, 허물이 있을 때 고치기를 주저하지 말라."

9-5

단련하신 후에는 내가 정금 같이 나오리라(욥기 23,10).

子曰 三軍 可奪帥也 匹夫 不可奪志也
子曰 衣敝縕袍 與衣狐貉者 立而不恥者 其由也與 不忮不求 何用不臧
子路終身誦之 子曰 是道也 何足以臧
子曰 歲寒然後 知松栢之後彫也
子曰 知者不惑 仁者不憂 勇者不懼
子曰 可與共學 未可與適道 可與適道 未可與立 可與立 未可與權

唐棣之華 偏其反而 豈不爾思 室是遠而 子曰 未之思也 夫何遠之有

　공자가 말했다. "수만의 군대에게서 장수를 빼앗을 수 있지만, 무지렁이일지라도 그 품은 뜻을 앗아갈 수는 없다."

　공자가 말했다. "수수하게 옷을 입고도 가죽 옷 입은 자와 나란히 서서 떳떳한 이는 자로밖에 없다. 남을 헐뜯지도 않고 툴툴거리지도 않으니, 아름답지 않은가." 자로가 이 말을 하루 종일 입에 달고 살았다. 공자가 말했다. "이제 됐으니 그만하거라."

　공자가 말했다. "날이 추워지면 소나무, 잣나무의 푸르름을 알게 된다."

　공자가 말했다. "지혜로운 자는 흔들림이 없고, 어진 이는 근심이 없으며, 용감한 자는 두려워하지 않는다."

　공자가 말했다. "같이 배울 수는 있어도 똑같은 길을 갈 수는 없다. 같은 길을 걷는다 해도 똑같이 이룰 수는 없다. 함께 이루었어도 똑같이 누릴 수는 없다."

　'꽃나무가 화려하게 흩날리네. 어찌 너를 잊을 손가. 너무 멀리 떨어져있구나.' 공자가 말했다. "마음이 멀어진 것이지, 어찌 길이 멀다고 탓하는가."

✳✳✳

　9장「자한」편을 읽다보면, 진리를 붙잡고 씨름하며 고뇌하는 역사적 공자의 발자국이 생생하기 그지없습니다. 죽음에 이르는 마지막 발걸음까지 따끈따끈하게 드러날 정도이니 말입니다. 아울러 그가 가슴 깊이 품었던 뜻이나 세계관도 분명하게 잘 들여다볼 수 있습니다. 이러한 모습은, 예루살렘을 바라보며 가슴 찡한 눈물을 흘리기도 하시고, 어린이를 품에 안으시고 껄껄 웃으셨던 역사적 예수의 발자취를 새록새록 일깨워주기도 합니다.

　게다가 '하나님이여, 왜 날 버리셨나이까'(막 15,34)라는 예수의 부르짖음이 메아리치는 것을 듣고 있다가, 다른 한편으로 아득히 먼 곳 춘추전국시대의 공자에게서도 비슷한 울부짖음이 되풀이되어 나타나는 것을 보면 화들짝 놀랄 수밖에 없습니다. 잠시 성서와 논어를 나란히 붙여놓고 곰곰이 생각해봅니다. 동과 서를 막론하고 진리와 죽음의 그림자는 늘 쌍둥이처럼 같이 붙어 다니는 것이 아닌가 하는 마음에 삼가 옷깃을 여미게 되네요.

　그러기에 다시 세상 오실 때 '내가 믿음을 보겠느냐'(눅 18,8) 말씀하시던 예수의 마음씨를 가만히 따라가다 보면, 날씨가 추워진 다음에야 비로소 소나무 잣나무의 푸르름이 드러난다는 공자의 가르침이 마음에 구구절절이 다가올 수밖에 없습니다. 이처럼 진리와 하늘의 이치는 들여다볼수록 신비롭기 그지없습니다. 마치 우리 모두의 삶이 하나님 손바닥 그늘에서 이리저리 오가며 노니는 것과 엇비슷할 테니 말입니다.

저 머나먼 나라 옛날 옛적이나, 오늘 우리가 사는 이 땅에서나 어느 민족 누구에게나 똑같은 이야기가 펼쳐지는 통에 새삼 하늘의 섭리를 곰곰이 되새겨봅니다. 그리고 그 인생길에서 모두 정신없이 뛰놀다가도 문득 가만히 뒤돌아보고는, 하나같이 풍경이 많이 닮아있게 마련이라 그저 깜짝깜짝 놀랄 수밖에 없습니다.

10 장
「鄕黨」— 나사렛에서 무슨 선한 것이 날 수 있느냐

10-1

나사렛에서 무슨 선한 것이 날 수 있느냐(요 1, 46).

孔子 於鄕黨 恂恂如也 似不能言者 其在宗廟朝廷 便便言 唯謹爾
朝 與下大夫言 侃侃如也 與上大夫言 誾誾如也 君在 踧踖如也 與與如
也
君 召使擯 色勃如也 足躩如也 揖所與立 左右手 衣前後 襜如也 趨進
翼如也 賓退 必復命曰 賓不顧矣
入公門 鞠躬如也 如不容 立不中門 行不履閾 過位 色勃如也 足躩如也
其言似不足者 攝齊昇堂 鞠躬如也 屛氣似不息者 出 降一等 逞顔色
怡怡如也 沒階 趨進翼如也 復其位 踧踖如也

執圭 鞠躬如也 如不勝 上如揖 下如授 勃如戰色 足蹜蹜如有循 享禮
有容色 私覿 愉愉如也.

공자는 동네에서 지내실 때 털털하시니 마치 말할 줄 모르는 사람
같았다. 그런데 종묘나 조정에서는 술술 막힘이 없고 빈틈이 없었다.

조정에서 하대부들과 같이 말씀하실 때는 또렷하셨고, 상대부들과
어울리실 때는 은은한 모습이었다. 임금이 계실 때에는 공손하고 삼가
며 신중하였다.

임금의 명으로 사신을 영접할 때에는, 얼굴색을 고치고 발길을 재촉
하였다. 두 손 모아 기다리다가 부지런히 손을 놀리고, 앞뒤로 옷깃을
여미며 학이 날갯짓하듯 바삐 움직였다. 손님이 물러가면 반드시 아뢰
고 마무리하였다.

관청에 들어서면, 곧은 자세로 흐트러짐이 없었으며 길을 가로막아
서지 않았다. 지나칠 때는, 주의를 기울여 바삐 움직이며 말을 조심하여
삼갔다. 당(堂)위에 오를 때는, 몸을 조아리고 숨을 가다듬어 삼킨다.
나아가 계단에 내려설 때는 얼굴을 가다듬어 선선히 내려오며, 계단을
내려서면 학처럼 날듯이 움직여 제자리에 공손히 조아린다.

규(圭)를 받들어 다룰 때에는 몸을 조아리고, 삼가 공손한 자세로
절하여 받들며, 얼굴빛을 가다듬고 발걸음을 재촉하여 서두른다. 연회
가 열리면 얼굴색이 환하여 반갑게 사람들과 화기애애하였다.

어찌하여 예복을 입지 않고 여기 들어왔느냐(마 22,12).

君子 不以紺緅飾 紅紫 不以爲褻服 當署 袗絺綌 必表而出之 緇衣 羔
裘 素衣 麑裘 黃衣 狐裘 褻裘長 短右袂 必有寢衣 長一身有半 狐貉之
厚以居 去喪 無所不佩 非帷裳 必殺之 羔裘玄冠 不以弔 吉月 必朝服
而朝
齊 必有明衣 布 齊 必變食 居必遷坐

군자는 감취색 복장을 삼가고, 붉은 빛도 가려 입는다. 평상복으로
나서지 않으며, 더울 때는 베옷으로 외출한다. 검은 옷에는 흑염소 바지
를, 흰 옷에는 사슴가죽 바지를, 누런 옷에는 여우 가죽바지를 입었다.
집에서는 속옷 단을 길게 내렸고, 우측소매를 짧게 했다. 잠옷은 기다랗
게 몸을 덮었다. 여우와 담비 가죽으로 방석을 삼았으며, 상중이 아니면
옥을 지니고 있었다. 주름치마가 아니면 조여 입었고, 검은 가죽옷과
검은 관으로 조문하지 않았다. 초하루마다 조복을 입고 등청했다.
제사드릴 때 반드시 베로 만든 밝은 옷을 입었다. 제사드릴 때는 반
드시 음식을 삼가고 잠자리도 따로 마련하였다.

너희는 이러한 고기를 먹지 말고 그 주검도 만지지 말라 이것들은 너희에게 부정하니라(레11, 8).

食不厭精 膾不厭細 食饐而餲 魚餒而肉敗 不食 色惡不食 臭惡不食
失飪不食不時不食 割不正不食 不得其醬不食 肉雖多 不使勝食氣 唯
酒無量 不及亂 沽酒市脯 不食 不撤 薑食 不多食 祭於公 不宿肉 祭肉
不出三日 出三日 不食之矣 食不語 寢不言 雖疏食菜羹 瓜祭 必齊如也
席不正不坐
鄉人飲酒 杖者出 斯出矣 鄉人 儺 朝服而立於阼階
問人於他邦 再拜而送之 康子 饋藥 拜而受之曰 丘 未達 不敢嘗

정갈한 음식을 드셨고, 회는 얇게 썬 것을 드셨다. 쉬거나 변한 음식,
썩은 고기와 상한 생선은 먹지 않았다. 변색한 음식이나 냄새나는 음식,
끓이지 않은 것도 먹지 않았다. 제 철이 아닌 것, 제대로 다듬지 않은
음식도 삼가셨다. 잘 익지 않으면 먹지 않았고 고기가 넉넉하다고 과식
하지 않았다. 술은 가리지 않으나 지나치지 않았고, 시장터 음식은 삼가
셨다. 생강을 꺼리지 않으셨다. 지나치게 많이 먹지 않았다. 제사음식
은 그 날을 넘기지 않았다. 제사고기는 삼 일을 넘기지 않고, 삼 일이
지난 것은 먹지 않았다. 식사 중에는 말을 삼가고, 잠자리에서는 말이
없었다. 거친 음식과 채소국이라도 정성스레 감사기도를 빠뜨리지 않

았다.

자리가 올바르지 않으면 앉지 않았다.

동리에서 제사할 때는 연장자가 일어난 후에야 자리를 떴다. 동네에서 굿할 때면 예복을 갖추고 사당에 나갔다.

사람을 다른 나라에 보낼 때에는 두 번 절하고 보냈다. 계강자가 약을 보내자 절하며 받고 말했다. "어떤 약인지 모르니 삼가 먹지 못합니다."

10-4

어린 아이들을 안고 저희 위에 안수하시고 축복하시니라(막 10,16).

廐焚 子 退朝曰 傷人乎 不問馬
君賜食 必正席 先嘗之 君賜腥 必熟而薦之 君賜生 必畜之 侍食於君
君祭先飯
疾 君視之 東首 加朝服拖紳 君 命召 不俟駕行矣
入大廟 每事問
朋友死 無所歸 曰於我殯 朋友之饋 雖車馬 非祭肉 不拜
寢不尸 居不容 見齊衰者 雖狎 必變 見冕者與瞽者 雖褻 必以貌 凶服
者 式之 式負版者 有盛饌 必變色而作 迅雷風烈 必變
升車 必正立執綏 車中不內顧 不疾言 不親指
色斯擧矣 翔而後集 曰山梁雌雉 時哉時哉 子路 共之 三嗅而作

마구간에 불이 났다. 공자가 돌아와 사람이 다쳤는가 묻고는 그만이었다.

임금이 음식을 내리니 자세를 가다듬고 먼저 맛을 보았다. 임금이 고기를 내리시니 익혀 사당에 올렸다. 임금이 가축을 내리시니 이를 잘 키웠다. 임금을 모시고 음식을 다룰 때에는, 임금이 제사하는 중에 먼저 맛을 보았다.

병이 들어 임금이 문병을 오자, 머리를 동쪽으로 하고 예복을 몸에 덮었다. 임금이 부르시면 수레를 기다리지 않고 먼저 나섰다.

종묘에서는 모든 일을 꼼꼼히 물어보았다.

벗이 숨을 거두어 머무를 곳이 없자 말했다. "내 집에 빈소를 두라."

벗이 선물하매, 제사음식이 아니라면 비록 수레일지라도 받지 않았다.

누울 때 널브러지지 않으며, 집에서는 소탈하게 지냈다. 상복 입은 자는 가까운 사이라도 매무새를 가다듬고, 상을 당한 자나 소경들은 모습이 초라해도 삼가 응대했다. 상주나 상 치르는 이들을 보면 수레에서도 예를 갖추었다. 좋은 음식을 대접받으면 반드시 인사를 잊지 않았고, 천둥번개가 심할 때에는 추슬러 몸가짐을 바로 하였다.

수레에 오를 때에는 끈을 잡고 몸을 곧추 세웠고, 수레 안에서는 휘젓거나 큰소리를 삼가고 조심하였다.

움찔하니 솟구쳐 오르고, 날개를 활짝 폈다가 다시 모여든다. 이를 보고 공자가 말했다. "산에서 뛰노는 꿩과 까투리가 아름답구나. 아름답구나." 이에 자로가 사냥하려 하자 서너 번 울면서 날아가 버렸다.

✻✻✻

10장 「향당」에서는 인간 공자의 삶과 발자취를 자국마다 더듬어보면서 이야기를 풀어냅니다. 하늘의 뜻을 이 땅에 새기며 살아가기 위해 매일매일 스스로를 돌아보며 씨름하고 있지만, 또 한 편으로는 이웃집 아저씨같이 수더분한 모습이 하나하나 활동사진처럼 펼쳐지는군요. 이 장에서 가만히 공자의 일화를 좇아가다보면, 털털하게 웃으며 늙수그레한 모습으로 다가오는 친근한 할아버지를 만나게 됩니다. 게다가 질경질경 생강을 씹고 있는 할아버지의 이빨 사이에서 냄새까지 풍겨날 정도이니, 바로 한가로운 어제 낮 풍경처럼 손에 잡힐 듯 생생합니다.

그 중에서도 특별히 어려운 일을 겪고 있는 사람들의 마음을 헤아리고, 노약자나 장애자들을 대할 때마다 깊은 애정을 품고 주의를 기울였다는 말은 무척이나 인상적입니다. 마치 오늘날 배려와 돌봄이라는 마인드를 가지고 밤낮으로 기도하며 살아가는 목회자들의 모습이 떠오르기 때문입니다. 이처럼, 논어를 읽다보면 당시 유생들의 생생했던 흔적이 수천 년을 뛰어넘어 새록새록 오늘의 이미지로 되살아납니다.

일반적으로 유교를 두고 말할라치면, 칙칙하고 무겁게 내려앉은 마당 한쪽 구석의 사당이 떠오르고 거미줄이 잔뜩 걸려있는 그림이 펼쳐집니다. 그리고 건물 안쪽에 덩그러니 놓여있는 촛대 너머로 근엄한 증조, 고조할아버지의 초상화나 신주가 주욱 널려있는 모습이 떠오르게 마련이지요.

그런데 정작 논어를 펴고 찬찬이 들여다보면, 이처럼 사뭇 다른 분

위기를 만날 수 있습니다. 게다가 마지막 부분에서는 나무그늘에서 입맞추고 껴안은 젊은 남녀를 아름답게 바라보고 있는 듯한 젊은 오빠(?)까지 등장합니다. 그러니 이쯤 읽다보면, 아마도 영화 「바람난 가족」의 할아버지처럼 일거수일투족까지 속속들이 만나는 듯한 느낌입니다.

서구의 근대 계몽주의 역사와 함께 시작된 이른바 '역사적 예수 연구'를 들여다보아도 마찬가지입니다. 예수는 때로 웃기도 하고 때론 울기도 하는 친근한 모습일 뿐입니다. 게다가 성전에 들어서서 무섭게 채찍을 휘두르는 다혈질의 젊은 예수는, 우리네 삶에서 불끈하는 보통 사람들의 모습과 크게 다르지 않습니다. 게다가 걱정과 근심, 그리고 절망으로 부르짖으며 불같이 타오르던 '미치광이 젊은이'(막 3,21)까지 만나게 되면, 경건한 신자라도 그야말로 혼란스럽기 그지없습니다. 우리가 익히 들어 알고 있던 무소부재하시고 전지전능하시며 끝없이 자비로운 예수님과는 무척이나 다른 낯선 모습이니 말입니다.

또한 요한복음서의 예수는 어떻습니까. 서로 얼굴조차 맞대기 싫어할 정도로 으르렁대는 사마리아 동네에 불쑥 들어가 스스럼없이 털썩 주저앉을 정도로 거침이 없습니다. 그리곤 아무렇지도 않은 듯 물 길러 온 아낙네와 수더분하게 이야기를 나누는 제비족 뺨치는 오빠(?)의 모습도 쉽사리 만날 수 있습니다. 이러한 이야기를 대할라치면, 거룩한 예수님의 발자취를 찾으려는 마음으로 경건하게 성경을 펴들었던 믿음 깊은 이들은 당황스러워 하겠지요. 그리고 이처럼 낯선 예수님을 쉽사리 가까이하기 힘들 것이라는 생각이 꾸역꾸역 일어납니다.

그럼에도 이것들은 절대로 꾸며낸 소설이 아니라, 진리이고 사실입니다. 공자나 예수를 만났고, 그를 따라 풍찬노숙(風餐露宿)하며 일생을 같이했던 사람들의 입에서 나온 생생한 증언이니 말입니다. 이처럼 하나님은 하늘 위 높다란 곳에 구름타고 노니시는 것이 아니라, 우리와 같이 깔깔대며 둘러앉아 밥을 먹고, 낑낑대며 똥 누고 살아가는 보통 사람일 뿐입니다. 바로 이것이 수천 년 전 인류의 대전환기였던 차축(車軸)시대에 문명을 일깨운 지구마을 위대한 진리 선포자의 하루하루 발자취입니다.

1 1 장
「先進」 — 광야에 외치는 자의 소리가 있어

11-1

광야에 외치는 자의 소리가 있어 가로되 너희는 주의 길을 예비하라 그의 첩경을
평탄케 하라(막 1, 3).

子曰 先進 於禮樂 野人也 後進 於禮樂 君子也 如用之 則吾從先進
子曰 從我於陳蔡者 皆不及門也 德行 顏淵閔子騫冉伯牛仲弓 言語 宰
我子貢 政事 冉有季路 文學 子游子夏
子曰 回也 非助我者也 於吾言 無所不說
子曰 孝哉 閔子騫 人不間於其父母昆弟之言
南容 三復白圭 孔子 以其兄之子 妻之

공자가 말했다. "옛 사람들은 예악에 밝았으나 시골에 묻혀 지냈다.

오늘날은 예악에 밝아 군자가 된다. 가능하다면 나는 옛 사람을 따르리라."

공자가 말했다. "진나라, 채나라에서 함께 동고동락한 이들은 모두 등용되지 않았다. 덕행으로는 안연, 민자건, 염백우, 중궁이고, 언어로는 재아, 자공이며, 정사에는 염유, 계로이고, 문학에는 자유와 자하 등이 있다."

공자가 말했다. "안회는 나에게 별로 도움이 안 된다. 내 말이면 덮어놓고 좋다 하니 말이다."

공자가 말했다. "민자건은 효자다. 부모와 형제들이 한결같이 칭찬하니 말이다."

남용이 시경의 노래(백규)를 입에 달고 사니, 공자가 그에게 형님 딸을 부인으로 주었다.

11-2

나의 하나님, 어찌하여 나를 버리셨나이까(막 15,34).

季康子 問弟子 孰爲好學 孔子對曰 有顔回者 好學 不幸短命死矣 今也
則亡
顔淵死 顔路請 子之車以爲之槨 子曰 才不才 亦各言其子也 鯉也死
有棺而無槨 吾不徒行以爲之槨 以吾從大夫之後 不可徒行也
顔淵死 子曰 噫 天喪予 天喪予
顔淵死 子 哭之慟 從者曰 子慟矣 曰有慟乎 非夫人之爲慟 而誰爲

顏淵死 門人欲厚葬之 子曰不可 門人厚葬之 子曰 回也 視予猶父也
予不得視猶子也 非我也 夫二三子也

　계강자가 제자에 대해 물었다. "누가 학문이 뛰어납니까." 이에 공자
가 대답했다. "안회라는 이가 뛰어나지만, 불행히도 일찍 죽어 지금은
없지요."

　안연이 죽자 아버지 안로가 공자에게 부탁했다. "선생님의 수레를
팔아 장례를 치뤘으면 합니다." 이에 공자가 말했다. "내 아들이 어리석
었지만 또한 자식이었다. 그 녀석이 죽었을 때도 조촐하게 장례를 치렀
다. 내 수레를 팔아 장례하고 싶지만, 대부들과 일하는지라 부득불 수레
없이 다닐 수는 없다."

　안연이 죽자 공자가 말했다. "오 하늘이시여, 하늘이시여. 왜 나를
버리셨나이까."

　안연이 죽자 공자가 슬피 울부짖었다. 제자들이 말했다. "선생님께
서 통곡하시는구나." 공자가 말하되, "내가 통곡했던가. 그런데 이 때
통곡하지 않으면 언제 하겠는가."

　안회가 죽으니, 문인들이 크게 장례하고자 했다. 공자가 반대했지
만, 거창하게 장례를 치렀다. 공자가 말했다. "안회는 나를 아비처럼 대
했지만 나는 자식으로 대하지 못했다. 내가 그런 것이 아니라 이 사람들
이 그렇게 했다."

형제를 사랑치 아니하는 자가 보지 못하는바 하나님을 사랑할 수 없다(요일 4, 20).

季路 問事鬼神 子曰 未能事人 焉能事鬼 曰敢問死 曰未知生 焉知死
閔子 侍側 誾誾如也 子路 行行如也 冉有 子貢 侃侃如也 子樂 若由也
不得其死然
魯人爲長府 閔子騫曰 仍舊貫如之何 何必改作 子曰 夫人 不言 言必有中
子曰 由之瑟 奚爲於丘之門 門人 不敬子路 子曰 由也 升堂矣 未入於
室也

　계로가 귀신에 대해 물으니 공자가 말했다. "사람 일도 골치 아파 쩔
쩔매거늘, 어찌 귀신의 일을 따지려는가." 다시 죽음에 대해 물으니 말
했다. "삶에 대해 제대로 알지 못하거늘, 어찌 죽음을 헤아릴 수 있겠느
냐."
　민자건은 말없이 은근하였고, 자로는 조금도 거침이 없었다. 염유와
자공은 떳떳하여 어그러짐이 없었다. 공자가 웃으며 말했다. "자로같이
성격이 괄괄하면 제 명에 못 죽는다."
　노나라 사람이 창고를 크게 지었다. 민자건이 말했다. "옛 것을 써도
괜찮을 텐데 왜 그리 설쳐댈까." 이에 공자가 말했다. "저 사람 말은 한
치도 틀림이 없다."
　공자가 말했다. "자로의 거문고 소리는 좀 그렇다." 이에 제자들이

자로를 꺼려하자, 공자가 덧붙였다. "뛰어나지는 않지만 그래도 솜씨가
보통이 아니다."

11-4

아무 일에든지 다툼이나 허영으로 하지 말고 오직 겸손한 마음으로 각각 자기보
다 남을 낫게 여기고(빌 2,3).

子貢 問師與商也 孰賢 子曰 師也過 商也不及 曰然則師愈與 子曰 過
猶不及

季氏 富於周公 而求也爲之聚斂而附益之 子曰 非吾徒也 小子鳴鼓而
攻之 可也

柴也愚 參也魯 師也辟 由也喭 子曰 回也其庶乎 屢空 賜不受命 而貨
殖焉 億則屢中

子張 問善人之道 子曰 不踐迹 亦不入於室 子曰 論篤是與 君子者乎
色莊者乎

子路問 聞斯行諸 子曰 有父兄在 如之何 其聞斯行之 冉有問 聞斯行諸
子曰 聞斯行之 公西華曰 由也問 聞斯行諸 子曰 有父兄在 求也問 聞
斯行諸 子曰 聞斯行之 赤也惑 敢問 子曰 求也退 故進之 由也兼人
故退之

자공이 자장과 자하 중 누가 지혜로운가 물었다. 공자가 말했다. "자장은 지나치고 자하는 못 미친다." 다시 물었다. "그러면 자장이 더 낫습니까." 이에 공자가 말했다. "도토리 키 재기이다."

계씨가 주공보다 부유했다. 그런데도 구가 세금을 더 많이 거둬 재산을 불려주었다. 공자가 말했다. "말도 안 된다. 애들아 북을 울리며 쳐들어가자. 암, 그래야지."

"자고는 어리석고, 증삼은 좀 둔하다. 자장은 좀 지나치고 자로는 좀 거칠다."

공자가 말했다. "안회는 보통 사람이 아니야. 형편이 그렇게 어려웠는데도 말이다. 자공은 기회가 없는데도 곧잘 재물이 따랐고, 무엇을 해도 잘 풀려나갔지."

자장이 선한 이의 도를 물었다. 공자가 말했다. "행하지 못하면 다다를 수 없다."

공자가 말했다. "또박또박 말을 잘한다고 군자일까, 번지르르한 것일까."

자로가 물었다. "들었으면 곧바로 실천하나요?" 이에 공자가 말했다. "부모와 형제가 살아계시니 막무가내로 나설 수 있겠는가." 염유가 물었다. "들은 대로 해야 하나요" 이에 공자가 말했다. "그래, 열심히 하거라." 이에 제자가 궁금해 까닭을 물으니 공자가 답했다. "자로는 좀 신중할 필요가 있으니 말려야 하고, 구는 머뭇거리는 편이니 선뜻 나서야 한다."

우리도 주와 함께 죽으러 가자 하니라(요 11,16).

子 畏於匡 顔淵後 子曰 吾以女爲死矣 曰子在 回何敢死
季子然 問仲由冉求 可謂大臣與 子曰 吾以子爲異之問 曾由與求之問
所謂大臣者 以道事君 不可則止 今由與求也 可謂具臣矣 曰然則 從之
者與 子曰 弑父與君 亦不從也
子路 使子羔爲費宰 子曰 賊夫人之子 子路曰 有民人焉 有社稷焉 何必
讀書然後爲學 子曰 是故 惡夫佞者

　공자가 광 지방에서 죽을 뻔했다. 안연도 간신히 뒤따라 빠져나왔
다. 공자가 말했다. "네가 죽은 줄로 알았다." 이에 대답하되, "선생님이
살아계신데, 제가 어찌 죽을 수 있겠습니까."
　계자연이 중유와 염구가 뛰어난 신하인지 물었다. 공자가 말했다.
"자로와 염구에 관해 시시한 질문만 하는군요. 이른바 뛰어난 신하는
도로써 임금을 섬기다 안 되면 그만둡니다. 지금 중유와 염구는 신하의
구색은 갖춘 듯합니다." 또 묻되, "그렇다면 말을 잘 듣습니까." 이에 공
자가 말했다. "부모와 임금을 거스르는 일이라면 그만둘 겁니다."
　자로가 자고를 비읍 수령으로 삼았다. 공자가 말했다. "저 사람 앞
길을 망치는구나." 이에 자로가 말했다. "백성이 있으니, 사직(社稷)이
있습니다. 반드시 독서만이 학문을 이루지 않습니다." 공자가 말했다.

"그래서 내가 말장난을 싫어하는 것이다."

11-6

으뜸이 되고자 하는 자는 모든 사람의 종이 되어야 하리라(막 10,44).

子路 曾晳 冉有 公西華 侍坐 子曰 以吾一日長乎爾 毋吾以也 居則曰
不吾知也 如或知爾 則何以哉 子路 率爾而對曰 千乘之國 攝乎大國之
間 加之以師旅因之以饑饉 由也 爲之 比及三年 可使有勇 且知方也
夫子 哂之
求爾何如 對曰 方六七十 如五六十 求也 爲之 比及三年 可使足民 如
其禮樂 以俟君子 赤 爾何如 對曰 非曰能之 願學焉 宗廟之事 如會同
端章甫 願爲小相焉 點 爾何如 鼓瑟希 鏗爾舍瑟而作 對曰 異乎三子者
之撰 子曰 何傷乎 亦各言其志也 曰莫春者 春服既成 冠者五六人 童子
六七人 浴乎沂 風乎舞雩 詠而歸 夫子 喟然歎曰 吾與點也
三子者出 曾晳後 曾晳曰 夫三子者之言 何如 子曰 亦各言其志也已矣
曰夫子何哂由也 曰爲國以禮 其言不讓 是故 哂之 唯求則非邦也與 安
見 方六七十 如五六十 而非邦也者 唯赤則非邦也與 宗廟會同 非諸侯
而何 赤也 爲之小 孰能爲之大

자로와 증석과 염유와 공서화가 둘러앉았을 때 공자가 말했다. "오늘은 내가 어른이라고 해서 신경 쓸 필요가 없다. 가만히 보니 알아주지 않는다고 툴툴거리던데, 자기자랑을 한 마디씩 해보거라." 이에 자로가 선뜻 나서서 말했다. "천승(千乘)의 나라가 대국들 틈에서 군대를 갖추느라 허덕일 때, 제가 3년쯤 다스리면 튼튼해지고 바로 설 수 있을 겁니다." 공자가 슬며시 웃었다.

염유에게 물으니 대답했다. "제가 조그만 지방 하나를 다스린다면, 3년 만에 백성들을 풍족하게 만들고 예악을 바로잡아 군자를 모실 수 있을 겁니다." 공서화에게 포부를 물으니 답했다. "잘하지는 못하지만 바라는 바가 있습니다. 나라들이 모여 의논할 때, 의복을 갖춰입고 삼가 뒷바라지하길 원합니다." 증석에게 물으니, 가야금을 뜯다가 일어나며 말했다. "좀 색다른 얘기입니다." 이에 공자가 말했다. "괜찮으니 자기 포부를 얘기해보거라." 대답하되, "늦은 봄날 새 옷 마련하여, 가까운 사람들과 소년들이 강가에 나아가 목욕하고, 제단에 올라 바람 쐬며 거닐다가 노래하며 돌아오는 것입니다." 이에 공자가 나지막이 탄식하며 말했다. "아, 나도 같은 마음이다."

다 나가고 증석이 홀로 남아 물었다. "세 사람이 각각 어떻습니까." 이에 공자가 말했다. "각자 마음을 얘기했을 따름이다." 증석이 물었다. "선생님께서 자로에게 웃은 이유는 무엇입니까." 대답하되, "나라 다스리는 것은 예인데, 찾아보기 어려워 웃었다." 또 묻되, "염유가 말했던 것 또한 나라 아닙니까." "그렇지, 작다고 하지만 나라는 모두 마찬가지다." 다시 묻되, "공서화의 얘기 또한 나라 문제가 아닐까요." 답하되, "종묘의 모임이란 제후들 모임이다. 보잘 것 없다고 얘기했지만, 사실

그것보다 큰 일이 있겠는가."

***

    11장 「선진」편에서는 유교의 가르침이 보여주는 세계가 굉장히 넓다는 사실이 드러납니다. 고대의 문명 가운데서 좀처럼 찾아보기 힘들 정도로 너른 스펙트럼을 지니고 있기 때문입니다. 무슨 말인고 하면, 한 편으로는 평범한 인간의 삶을 통하여 끝없는 종교적 세계를 빠끔히 열어 보여줍니다. 그러다가 자칫 구름 잡기 쉬운 허황된 세계를 맴돌며 헤어 나오지 못하는 경우가 왕왕 있습니다. 그런데 유교의 가르침은 현실로 돌아와 더욱 단단하게 구석구석까지 삶을 붙잡게 만든다는 것이 특징입니다.

    무엇보다 인간의 생사화복을 하늘에 의지하여 연결시키는 머리 부분도 그렇거니와, 동시에 사람의 일과 하늘의 일을 나누어보지 않는 공자의 독특한 세계를 특별히 눈여겨보아야 합니다. 이러한 모습은, 훗날 유교의 이론화 과정을 통해 이른바 비이원론적인 사상(天人相感, 天人合一)의 주요한 기반으로 자리 잡게 됩니다. 이런 까닭에 일반적으로 말할 때, 유교의 현세적 성격이 유달리 강하다는 느낌을 받게 됩니다. 그러나 이는 성속(聖俗)을 나누어보거나 하늘의 뜻과 인간의 세계를 이분법적으로 갈라버릇하는 서구세계의 사유방식에 물들었기 때문에 생겨난 일입니다.

한마디로 너무 짙은 색안경을 끼고 바라보았다는 말씀이지요. 이런 관점을 좀 더 확장해서 바라본다면, 이른바 유교의 선비(儒生)들과 비주류를 이루는 이른바 방사(方外之士) 형태로 나누어보는 방식에 대해서도 일정하게 거리를 둘 필요가 있습니다. 다시 말해 방사와 유생을 나누어보는 방식이 아니라, 방사가 유생이고 유생이 곧 방사인 상호 습합구조를 헤아릴 수 있어야 한다는 말입니다. 실제로 고대사 연구의 자료들을 곰곰이 들여다보면, 정작 방사(方士)와 유생(儒生)을 나누는 특별한 기준은 없는 듯합니다(고힐강, 『중국고대의 방사와 유생』, 이부오역, 온누리, 1991. 참조).

역사의 흐름을 따라가 보아도 마찬가지입니다. 불교와 노장(老莊) 사상 등이 주류를 이루는 시대가 있었는가 하면, 비주류로 물러나 있었던 때도 빈번했으니까 말입니다. 그러니까 동아시아의 역사는 원시유교와 노장사상, 그리고 불교들이 서로 끊임없이 겹쳐지면서 큰 줄기를 이루고, 그 속에서 각각의 사유방식을 강조하는 형태로 이어져온 셈입니다.

이러한 사실은 금문(今文)과 고문(古文)에 관한 경전논쟁을 들춰보아도 잘 드러납니다. 이른바 십삼경이라고 불리는 다양한 고전들의 전승은, 바로 이러한 습합의 해석학 과정을 거쳐 형성되고 있기 때문입니다. 이 뿐만 아니라 신유교라고 불리는 주자학의 이면에 노장과 불교사상의 뼈대가 녹아있는 것도 다 이유가 있다는 말이지요.

그러므로 고대문명의 위대한 고전들은 하나같이 인간세상의 의미 있는 삶을 추구하면서 그 기반이 초월적인 세계와 긴밀하게 관계되어 있다는 사실에 전적으로 의지하고 있습니다. 이렇듯 위대한 진리는 동과 서가 구분이 없고, 옛날과 오늘이 그리 다르지 않습니다. '양들이 생명을 얻고 더 풍성하게 하려고 왔다'는 성서의 말씀처럼(요 10,10), 그 어지러웠던 춘추전국 시대에도 뭇 생명을 살리는 메시지가 동아시아의 대지에 울려 퍼졌다는 말씀이지요.

12장

「顔淵」 ― 자기를 부인하고 십자가를 지라

나를 따라오려거든 자기를 부인하고 십자가를 지라(막 8,34).

顔淵問仁 子曰 克己復禮 爲仁 一日克己復禮 天下歸仁焉 爲仁 由己
而由人乎哉 顔淵曰 請問其目 子曰 非禮勿視 非禮勿聽 非禮勿言 非禮
勿動 顔淵曰 回雖不敏 請事斯語矣
仲弓 問仁 子曰 出門如見大賓 使民如承大祭 己所不欲 勿施於人 在邦
無怨 在家無怨 仲弓曰 雍雖不敏 請事斯語矣

안연이 인에 관해 묻자. 공자가 말했다. "자기를 부인하고 예를 회복
하면 인을 이루는 것이다. 하루 동안 극기복례(克己復禮)하면 천하가
다 인으로 돌아오리라. 인을 이루는 것이 내게 달려있는데, 어찌 다른

사람을 쳐다보리요." 이에 안연이 구체적으로 물었다. 공자가 말했다.
"예가 아니면 보지 말고, 예가 아니면 듣지 않고, 예가 아니면 말하지
않으며, 예가 아니면 나서지 말라." 이에 안연이 말했다. "제가 비록 아
둔하지만, 그 말씀을 새기겠습니다."

중궁이 인에 대해 물었다. 공자가 말했다. "집을 나서면 귀한 손님
대하듯 하고, 백성을 대하매 큰 제사 드리는 듯하며, 스스로 원치 않은
일을 남에게 떠넘기지 말라. 나라에는 원망이 없도록 하고, 집에서는
군소리가 없도록 하라." 이에 중궁이 말했다. "제가 비록 부족하오나 이
말씀을 힘써 지키겠습니다."

12-2

너희는 마음에 근심하지 말라(요 14,1).

司馬牛 問仁 子曰 仁者 其言也訒 曰其言也訒 斯謂之仁矣乎 子曰 爲
之難 言之得無訒乎
司馬牛 問君子 子曰 君子不憂不懼 曰不憂不懼 斯謂之君子矣乎 子曰
內省不疚 夫何憂何疚
司馬牛 憂曰 人皆有兄弟 我獨亡 子夏曰 商聞之矣 死生有命 富貴在天
君子 敬而無失 與人恭而有禮 四海之內 皆兄弟也 君子 何患乎無兄弟也

사마우가 인에 대해 물었다. 공자가 말했다. "인이라는 것은 말에 있

어 삼가는 것이다." 이에 묻되, "말에 삼가면 어질다고 봐도 됩니까." 이에 공자가 말했다. "실천하는 일이 어려운 법이니, 말할 때도 삼가는 것이 어렵다는 뜻이다."

사마우가 군자에 대해 물었다. 공자가 말했다. "군자는 두려워하거나 근심하지 않는다." 이에 묻되, "근심이나 두려움이 없으면 군자라고 봐도 됩니까." 이에 공자가 말했다. "깊이 살피면 두려울 바 없으니, 근심이나 걱정 따위가 남아 있겠느냐."

사마우가 근심스레 말했다. "사람은 형제가 있게 마련인데, 나는 혼자뿐이다." 자하가 말했다. "내가 듣기로, 죽고 사는 일은 정함이 있고 부귀는 하늘에 달렸다고 한다. 군자가 우러르고 삼가 살피며 사람과 더불어 인사하고 예를 갖추면 사해동포가 모두 형제이다. 군자가 어찌 형제가 없다고 툴툴거리겠는가."

12-3

야합의 온 집이 멸망하리니(왕하 9,8).

子張 問明 子曰 浸潤之譖 膚受之愬 不行焉 可謂明也已矣 浸潤之譖 膚受之愬 不行焉 可謂遠也已矣
子貢 問政 子曰 足食足兵民信之矣 子貢曰 必不得已而去 於斯三者 何先 曰去兵 子貢曰 必不得已而去 於斯二者 何先 曰去食 自古 皆有 死 民無信 不立

棘子成曰 君子質而已矣 何以文爲 子貢曰 惜乎 夫子之說 君子也 駟不
及舌 文猶質也 質猶文也 虎豹之鞟 猶犬羊之鞟

哀公 問於有若曰 年饑 用不足 如之何 有若對曰 盍徹乎 曰 二 吾猶不
足 如之何其徹也 對曰 百姓足 君孰與不足 百姓不足 君孰與足

자장이 밝음에 대해 물었다. 공자가 말했다. "슬금슬금 헐뜯고 야금
야금 갉아먹는 말이 통하지 않을 정도면, 밝다고 말할 수 있다. 슬금슬
금 야금야금이 통하지 않는 사람은 아마도 통 큰 사람일 것이다."

자공이 정치를 물었다. 공자가 말했다. "먹을 것이 넉넉하고, 군사들
이 든든하며, 백성들이 믿고 따라야 한다. 이에 자공이 물었다. "만일
포기해야 한다면 먼저 어느 것을 버릴까요." 답하되, "군사이다." 다시
자공이 물었다. "그 다음은 무엇입니까." 답하되, "먹을 것이다. 예나 지
금이나 모든 것은 스러지게 마련이니, 믿음이 없으면 나라가 설 수 없
다."

극자성이 말했다. "군자는 모름지기 그 바탕일 뿐이다. 어찌 겉치레
를 따지는가." 이에 자공이 말했다. "딱한 사람이네. 군자라고 하면서
수레만 번지르르하구나. 겉치레와 바탕은 같은 것이다. 호랑이나 표범
의 무늬가 개나 양과 같을 손가."

애공이 유약에게 물었다. "재정이 부족하니 어찌할까." 유약이 대답
했다. "세금을 십 분의 일만 거두세요." 말하되, "십 분의 이도 부족할진
데 어찌 십 분의 일로 줄이는가." 답하되, "백성이 넉넉하면 어찌 임금이
부족하겠습니까. 백성이 부족하면 어찌 임금이 넉넉할 수 있습니까."

이 백성이 천천히 흐르는 실로아 물을 버리고(사 8, 6).

子張 問崇德辨惑 子曰 主忠信徙義 崇德也 愛之欲其生 惡之欲其死
旣欲其生 又欲其死 是惑也 誠不以富 亦祗以異
齊景公 問政 於孔子 孔子對曰 君君臣臣父父子子 公曰 善哉 信如君不
君 臣不臣 父不父 子不子 雖有粟 吾得而食諸
子曰 片言 可以折獄者 其由也與 子路 無宿諾

　　자장이 덕을 높이고 거짓을 헤아리는 것에 대해 물었다. 공자가 말
했다. "믿음과 진실함을 두텁게 하고, 의를 실천하여 덕을 기린다. 좋으
면 가까이하고 싫으면 멀리하는 것인데, 좋아했다가 다시 꺼려하니 이
것이 미혹됨이다. 그래서 넉넉한 것을 저버리고 요상한 것을 좇는 것이다."
　　제경공이 공자에게 정치를 물으니 공자가 말했다. "임금은 임금답
게, 신하는 신하답게, 아비는 아비답게, 자녀는 자녀다워야 합니다." 이
에 공이 말했다. "옳소이다. 진실로 임금이 임금답지 못하고, 신하가 신
하답지 못하며, 아비가 아비답지 못하고 자식이 꼴불견이면, 곡식이 가
득한들 아무 소용이 없겠지요."
　　공자가 말했다. "얘기를 꺼내자마자 곧 앞장서는 이는 자로뿐이다.
자로는 하룻밤조차도 그냥 넘기는 법이 없다."

너희가 피차 송사함으로 너희 가운데 이미 완연한 허물이 있나니 차라리 불의를
당하는 것이 낫지 아니하며 차라리 속는 것이 낫지 아니하냐(고전 6, 7).

子曰 聽訟 吾猶人也 必也使無訟乎

子張 問政 子曰 居之無倦 行之以忠

子曰 博學於文 約之以禮 亦可以弗畔矣夫

子曰 君子 成人之美 不成人之惡 小人 反是

季康子 問政於孔子 孔子對曰 政者 正也 子帥以正 孰敢不正

季康子 患盜 問於孔子 孔子對曰 苟子之不欲 雖賞之不竊

季康子 問政於孔子曰 如殺無道 以就有道 何如 孔子對曰 子爲政 焉用
殺 子欲善 而民善矣 君子之德風 小人之德草 草上之風 必偃

　　공자가 말했다. "송사를 다루는 솜씨는, 다른 사람이나 내가 다를 바
없다. 모름지기 송사가 필요 없다면 그것이 가장 바람직하다."

　　자장이 정치를 물으니 공자가 말했다. "게으르지 않고, 마음으로부
터 우러나서 실천하는 것이다."

　　공자가 말했다. "널리 학문을 익혀 예로 간추리니 또한 크게 어긋남
이 없으리라."

　　공자가 말했다. "군자는 아름다움을 이루고 추한 것은 멀리한다. 소
인은 그렇지 않다."

계강자가 공자에게 정치를 물으니 공자가 대답했다. "정치란 올바름이다. 당신이 올바르게 이끌면 그 누가 거스르겠는가."

계강자가 도적 때문에 골머리를 앓다가 공자에게 물었다. 공자가 대답했다. "당신이 굳이 욕심 부리지 않는다면, 큰 상을 준다 해도 훔치는 이들이 사라질 것이다."

계강자가 공자에게 정치를 물었다. "무도함을 막고 도를 밝혀나가려면 어떻게 해야 하나요." 공자가 답했다. "당신이 제대로 다스린다면, 구태여 누구를 손 볼 필요도 없다. 당신이 선하고자 하면 백성들도 이내 순해진다. 군자의 덕은 바람과 같고 소인의 덕은 풀과 같으니, 바람이 불면 풀은 눕게 마련이다."

12-6

내가 사람의 방언과 천사의 말을 할찌라도 사랑이 없으면 소리나는 구리와 울리는 꽹과리가 되고(고전 13,1).

子張問 士 何如 斯可謂之達矣 子曰 何哉 爾所謂達者 子張對曰 在邦必聞 在家必聞 子曰 是聞也非達也 夫達也者 質直而好義 察言而觀色 慮以下人 在邦必達 在家必達 夫聞也者 色取仁而行違 居之不疑 在邦必聞 在家必聞

樊遲 從遊於舞雩之下 曰敢問崇德脩慝辨惑 子曰 善哉問 先事後得 非崇德與 攻其惡 無攻人之惡 非脩慝與 一朝之忿 忘其身 以及其親 非惑與

樊遲 問仁 子曰 愛人 問知 子曰 知人 樊遲 未達 子曰 擧直錯諸枉

能使枉者直 樊遲退 見子夏曰 鄕也 吾見於夫子而問知 子曰 擧直錯諸

枉 能使枉者直 何謂也 子夏曰 富哉言乎 舜有天下 選於衆擧皐陶 不仁

者遠矣 湯有天下 選於衆擧伊尹 不仁者遠矣

子貢 問友 子曰 忠告而善道之 不可則止 無自辱焉

曾子曰 君子 以文會友 以友輔仁

　　자장이 선비가 어떻게 통달하는가를 물으니 공자가 되물었다. "그
통달이라는 것이 도대체 뭐냐." 자장이 답했다. "나라에 이름을 떨치고,
집에서도 소문나는 겁니다." 이에 공자가 말했다. "이름나는 것은 통달
이 아니다. 통달이란 바탕이 올바르고 의를 좋아하는 것이다. 말뿐만
아니라 표정까지 살펴 사람을 대하면 세상에 통달하게 되니, 집안은 말
할 것도 없다. 이름만 번지르르하면 겉으로는 어질어도 행동은 어긋나
니, 점잖다고 동네방네 소문만 무성하다."

　　번지가 무우제단 아래에 거닐다가 문득 물었다. "덕을 높이고 삿된
것을 다스리며 미혹을 헤아린다는 말이 뭡니까." 이에 공자가 말했다.
"좋은 질문이다. 먼저 앞장서고 이후에 따져야 덕을 높이지 않겠느냐.
악을 제하고 사람을 해치지 말아야 삿된 것을 다스리지 않겠느냐. 한
순간 분노로 몸을 망치고 집을 욕되게 하면, 이것 또한 미혹된 것이 아
니겠느냐."

　　번지가 인을 물으니 공자가 말했다. "사람을 사랑하는 것이다." 지혜
를 물으니 공자가 말했다. "사람을 아는 것이다." 이에 번지가 고개를

갸웃하자 공자가 말했다. "곧은 것으로 굽은 것을 펴는 것이니, 능히 굽은 것이 바르게 된다." 번지가 자하를 만나 말했다. "선생님께 지혜를 물으니, 곧은 것으로 굽은 것을 펴면 바로잡을 수 있다고 하셨다. 무슨 뜻인가." 이에 자하가 말했다. "좋은 말씀이다. 순이 다스릴 때 고도를 뽑으니 못된 자들이 물러났다. 탕이 다스릴 때 이윤을 세우니 못된 이들이 물러났다."

자공이 벗에 대해 물으니 공자가 말했다. "진실하게 말하고, 선한 길을 걸으며, 불가능하면 그침으로 더럽히지 말라."

증자가 말했다. "군자는 학문을 통해 벗을 만나고, 벗과 더불어 인을 가꾸어간다."

✳✳✳

여기 「안연」편에서는 여러 유형의 지도자들이 나타납니다. 그런데 그들에게 강조되는 덕목은 의외로 외형적인 군사력이나 정치력보다는 예와 인과 같은 덕목입니다. 그런데 더욱 재미있는 사실은, 이렇듯 지도자들에게 신뢰와 덕성을 강조하는 논어의 가르침이 바로 성서에서도 끊임없이 반복된다는 점입니다. 성서에 나타난 이야기 중에 가장 극적인 반전을 보여주는 사례가 있는데, 이는 바로 북왕국 이스라엘의 오므리 왕조입니다.

구약성서 열왕기하의 기록에 따르면, 갑자기 왕이 암살당하며 혼란하던 북이스라엘을 안정시키기 위해 군대 장관 오므리가 전면에 나섭니다. 그의 탁월한 영도력은, 결국 이스라엘을 고대 근동에서 소문난 강력한 왕조로 탈바꿈시켰습니다. 그리고 아들이었던 아합이 왕위를 이어받아 사실상 다윗 왕조보다 국제적으로 뛰어난 명성을 얻습니다. 탁월한 정략적 혼인정책을 통하여 다윗 임금 못지않게 넓은 지역을 확보하며 부국강병을 이루었기 때문이지요.

이렇듯 강력한 군대와 풍요한 나라경제를 기반으로 한껏 부풀어 오르며 제국을 호령하던 오므리 왕조는 대를 이어 이름을 떨쳤습니다. 그렇지만 한 순간에 모든 것이 뒤집혀버리고 말지요. 아합의 뒤를 이은 아들 요람이 왕이 되어 영토를 확장하는 전쟁을 벌이다가 부상을 입고 치료받고 있었는데, 부하 장군 중의 하나인 예후의 화살을 맞고 그만 절명하기 때문입니다.

그리고 이 사건이 실마리가 되어 백성들의 신임을 얻지 못한 아합 왕조는 순식간에 흔적도 없이 사라지고 맙니다. 그토록 악명 높았던 왕비 이세벨은 물론이고, 왕자 수십 명과 사돈나라인 남쪽 유대왕국의 임금 및 그 일족까지 완전히 씨가 말라버릴 정도였으니까요. 국제적으로 소문이 자자했던 오므리 왕조의 그 화려한 명성은 사실상 하룻밤 불꽃놀이에 불과했던 셈입니다.

그런데 좀 이상한 점이 있습니다. 이 예후의 피비린내 나는 혁명은, 그 자신도 전혀 생각지 않았던 사소한 일에서부터 비롯됩니다. 맨 처음 혁명의 발단이 되었던 장교들의 모임에서조차 그는 큰 소리 낸 적이 없습니다. 그런데도 순식간에 많은 장군들로부터 충성맹서를 받고 왕으로 추대되지요(왕하 9,13). 그리고 왕비 이세벨을 제거하는 과정을 살펴보아도 그는 손가락 하나 까닥하지 않습니다. 이세벨 옆에서 시중들던 시녀들이 그녀를 왕궁에서 떨어뜨려 개밥이 되게 했으니까요.

국제적으로 칭송이 자자했던 오므리 왕조를 이어나갈 수십 명의 왕자들도 마찬가지입니다. 전쟁터에서 혁명을 일으킨 예후는, 왕자들을 교육하고 있던 사마리아 고위 관리들에게 그저 자신의 혁명 사실을 알렸을 뿐입니다. 그러자 어찌된 일인지 그들은 일제히 약속이나 한 듯 일사불란하게 움직이는군요. 그리고는 누대에 걸쳐 섬기던 오므리 왕조의 절대 권력에 일제히 등을 돌립니다. 이름 없는 장교에 불과한 예후에게 충성을 서약하며 수십 명 왕자들의 목을 잘라 바쳤던 것입니다.

도대체 어떻게 이런 일이 가능하게 되었을까요. 권불십년(權不十年)에 화무십일홍(花無十日紅)이라는 말이 딱 들어맞습니다. 우리나라에서도 무소불위의 총과 칼을 휘두르던 절대 권력들이 하룻밤 사이에 아침이슬로 사라지고 말았던 일들이 아직 기억에 생생합니다. 하늘의 가르침을 저버리고 백성들이 외면해버린 절대 권력은 절대 부패하게 마련입니다. 그리고 절대 망할 수밖에 없습니다.

이렇듯 자기를 부인하는 마음자세를 저버리고 이에 백성들의 신뢰까지 잃게 되면, 모두 한 순간에 아침이슬처럼 사라지는 것은 동서양을 가리지 않는 인간세상의 이치입니다. 여기 논어 「안연」편에서 일러주는 공자의 가르침은 마디마디가 놀랍기 그지없습니다. 동아시아의 춘추전국시대뿐만 아니라, 그 옛날 수만 리 떨어진 고대 지중해의 역사에서도 한 치의 틀림없이 그대로 들어맞았으니 말입니다.

13 장
「子路」 — 이름을 망령되이 일컫지 말라

13-1

너의 하나님 여호와의 이름을 망령되이 일컫지 말라(출 20, 7).

子路 問政 子曰 先之勞之 請益 曰無倦

仲弓 爲季氏宰 問政 子曰 先有司 赦小過 擧賢才 曰焉知賢才而擧之
曰擧爾所知 爾所不知 人其舍諸

子路曰 衛君待子而爲政 子將奚先 子曰 必也正名乎 子路曰 有是哉
子之迂也 奚其正 子曰 野哉 由也 君子於其所不知 蓋闕如也 名不正則
言不順 言不順則事不成 事不成 則禮樂不興 禮樂不興則刑罰不中 刑
罰不中則民無所措手足 故君子 名之 必可言也 言之 必可行也 君子於
其言 無所苟而已矣

樊遲 請學稼 子曰 吾不如老農 請學爲圃 曰吾不如老圃 樊遲出 子曰

小人哉 樊須也 上好禮 則民莫敢不敬 上好義 則民莫敢不服 上好信
則民莫敢不用情 夫如是 則四方之民 襁負其子而至矣 焉用稼

　자로가 정치에 대해 물었다. 공자가 답했다. "늘 솔선수범하고 부지
런해야한다." 또 말씀을 청하니 대답했다. "게으르지 말거라."

　중궁이 계씨의 재상이 되어 정치를 물었다. 공자가 말했다. "먼저 일
을 바로잡고, 자질구레한 일들은 용서하거라. 지혜로운 인재를 이끌어
내야 한다." 다시 묻되, "인재를 어찌 알고 가려낼까요." 대답하되, "네
가 힘껏 가려내고도 남는다면 사람들이 그냥 놔두겠느냐."

　자로가 말했다. "위나라 임금이 선생님께 정치를 맡기면 먼저 어떻
게 하시렵니까. 이에 공자가 말했다. "반드시 이름부터 바로 잡겠다."
자로가 말했다. "아이고, 답답하십니다. 어째 이름 따위를 붙잡고 계십
니까." 이에 공자가 말했다. "이 녀석아, 군자는 모르면 잠자코 있는 법
이다. 이름이 바르지 않으면 말이 통하지 않고, 말이 통하지 않으면 일
이 어그러지며, 일이 어그러지면 예악이 사라지는 것이고, 예악이 사라
지면 형벌이 뒤죽박죽된다. 형벌이 뒤죽박죽이면 백성들은 숨 쉬는 것
조차 버거울 것이다. 까닭에 군자는 이름을 바로잡고 반드시 이를 밝혀
야 한다. 밝히고 나면 반드시 실천해야 한다. 군자란 모름지기 말에 있
어 떳떳해야할 뿐이다."

　번지가 농사짓는 것을 배우고자 청했다. 공자가 말했다. "늙은 농부
에게 배우는 것이 훨씬 낫다." 나무 가꾸는 것을 배우고자 물으니 대답
했다. "나는 늙은 과수원지기를 따라갈 수 없다." 이에 번지가 나가자

공자가 말했다. "번지는 참으로 답답하구나. 윗사람이 예를 좋아하면, 백성들이 존경하지 않을 리가 없다. 윗사람이 의를 좋아하면, 백성이 따르지 않을 리가 없다. 윗사람이 믿음이 있으면 백성이 숨기는 바가 없다. 이렇게 되면 천하 사람들이 아이를 들쳐업고 모여들 텐데, 무슨 농사타령인가."

13-2

소금이 만일 그 맛을 잃으면 무엇으로 짜게 하리요(마 5,13).

子曰 誦詩三百 授之以政 不達 使於四方 不能專對 雖多 亦奚以爲
子曰 其身正 不令而行 其身不正 雖令不從
子曰 魯衛之政 兄弟也
子謂 衛公子荊 善居室 始有 曰苟合矣 少有 曰苟完矣 富有 曰苟美矣
子 適衛 冉由僕 子曰 庶矣哉 冉由曰 旣庶矣 又何加焉 曰富之 曰旣富
矣 又何加焉 曰敎之
子曰 苟有用我者 朞月而已 可也 三年 有成
子曰 善人 爲邦百年 亦可以勝殘去殺矣 誠哉 是言也
子曰 如有王者 必世而後仁
子曰 苟正其身矣 於從政乎何有 不能正其身 如正人何
冉子退朝 子曰 何晏也 對曰 有政 子曰 其事也 如有政 雖不吾以 吾其
與聞之

공자가 말했다. "삼백 편의 시를 읊어대도 다스림에 보탬이 없고, 다른 나라에 사신을 보내도 헛걸음뿐이면, 그 모든 것이 무슨 쓸모가 있으리오."

공자가 말했다. "몸이 올바르면 법이 없어도 만사형통이며, 몸이 올바르지 못하면 법이 엄해도 휴지조각일 뿐이다."

공자가 말했다. "노나라와 위나라는 형제와 다름없다."

공자가 위나라 왕족 형을 가리켜 말했다. "살림을 잘하는구나. 맨 처음에 재산을 얻으니 말했다. '그럭저럭 괜찮구나.' 조금 재산이 늘어나니 말했다. '그럭저럭 갖춰졌구나.' 차고 넘치니 말했다. '그럭저럭 보기 좋구나.'"

공자가 위나라에 들렀는데 염유가 나라 일을 맡고 있었다. 공자가 말했다. "잘하고 있구나." 염유가 물었다. "무엇이 더 필요할까요." 대답하되, "백성을 잘 살게 하라." 다시 묻되, "무엇이 더 필요합니까." 답하되, "백성을 가르치거라."

공자가 말했다. "참으로 나를 아는 자가 있다면, 일 년 만에 나라를 바로 잡고 삼 년이면 우뚝 서게 할 것이다."

공자가 말했다. "선한 사람이 백 년간 나라를 다스리면 온갖 문제가 사라지고 말썽거리가 없어진다 하니, 이는 참으로 옳은 말이다."

공자가 말했다. "참된 임금이 있다면, 한 세대가 지나 어진 세상이 되리라."

공자가 말했다. "진실로 그 몸을 바르게 한다면, 나라를 다스림에 무엇이 더 필요하리요. 자기 몸뚱아리도 추스르지 못하면서 어찌 사람을 다스리겠느뇨."

염자가 퇴근하니, 공자가 말했다. "왜 늦었는가." 답하되, "회의 때문입니다." 공자가 말했다. "개인적인 일이겠지. 회의가 있었다면 내게도 얘기가 있었을 것이다."

13-3

선생된 우리가 더 큰 심판 받을 줄을 알고, 많이 선생이 되지 말라(약 3,1).).

定公問 一言而可以興邦 有諸 孔子對曰 言不可以若是其幾也 人之言曰 爲君難爲臣不易 如知爲君之難也 不幾乎一言而興邦乎 曰一言而喪邦 有諸 孔子對曰 言不可以若是其幾也 人之言曰 予無樂乎爲君 唯其言而莫予違也 如其善而莫之違也 不亦善乎 如不善而莫之違也 不幾乎一言以喪邦乎

攝公 問政 子曰 近者說 遠者來

子夏 爲莒父宰 問政 子曰 無欲速 無見小利 欲速則不達 見小利則大事不成

攝公語孔子曰 吾黨有直躬者 其父攘羊而子證之 孔子曰 吾黨之直者 異於是 父爲子隱 子爲父隱 直在其中矣

樊遲 問仁 子曰 居處恭 執事敬 與人忠 雖之夷狄 不可棄也

정공이 물었다. "나라를 바로잡는 한 말씀 부탁합니다." 이에 공자가 말했다. "어찌 그런 도깨비방망이가 있겠습니까. 다만 사람들이 하는 말에, 임금 노릇하기 힘들고 신하 노릇하기 쉽지 않다고 합니다. 임금 노릇 쉽지 않다는 사실을 알아차리는 것이, 바로 나라 일으키는 한 마디 비법이 아닐까요." 다시 묻되, "나라 망치는 한 마디 말이 있을까요." 이에 공자가 말했다. "어찌 그런 것이 있겠습니까마는, 옛말에 '임금 노릇하는 것도 시큰둥하네, 한 마디도 간하는 이가 없다'는 말이 있습니다. 선한 일이라면 거스르지 않아도 누가 뭐랄까요. 하지만 그릇된 것인데도 말리는 이가 없다면, 이것이야말로 나라 망하는 한 마디 아니겠습니까."

섭공이 정치를 물으니 공자가 말했다. "나라 안에서는 모두가 기뻐하고, 나라 밖 멀리에서도 구름처럼 사람들이 몰려드는 것입니다."

자하가 거보의 재상이 되어 정치를 물으니 공자가 답했다. "서두르지 말고, 조그만 이익에 매달리지 말라. 서두르면 넘어지고, 작은 일에 얽매이면 큰일을 그르치게 된다."

섭공이 공자에게 말했다. "우리 모임에 올곧은 자가 있으니, 아비가 도둑질하매 그 아들이 고해바칠 정도입니다." 공자가 말했다. "우리 모임에서는 올곧은 것이 좀 다릅니다. 아비가 그르칠 때에는 아들이 이를 감싸주고, 아들이 엇나가면 아비가 다독거리니 이것이 올곧은 것입니다."

번지가 인을 물으니 공자가 말했다. "집 안에서는 공경하고, 삼가 일에 근신하며, 사람에게는 진실하니, 오랑캐 나라에서도 이를 잊지 않는다."

13-4

내가 무엇을 하여야 영생을 얻으리이까(막 10,17).

子貢問曰 何如 斯可謂之士矣 子曰 行其有恥 使於四方 不辱君命 可謂
士矣 曰敢問其次 曰宗族稱孝焉 鄕黨稱弟焉 曰敢問其次 曰言必信 行
必果 硜硜然小人哉 抑亦可以爲次矣 曰今之從政者何如 子曰 噫 斗筲
之人 何足算也
子曰 不得中行而與之 必也狂狷乎 狂者進取 狷者有所不爲也
子曰 南人有言曰 人而無恒 不可以作巫醫 善夫 不恒其德 或承之羞
子曰 不占而已矣

　자공이 물었다. "어떻게 해야 선비라 일컬을 수 있나요." 공자가 말
했다. "부끄럼 없이 행하고, 다른 나라에 가서도 임금에 누를 끼치지 말
아야 참된 선비이다." 또 묻되, "그 다음은 무엇입니까." 대답하되, "집
에서는 효를 이루고, 마을에서는 칭찬받는 것이다." 다시 묻되, "그 다
음은 무엇입니까." 답하되, "말에 믿음이 있고, 행함에 열매가 있어야
한다. 깐깐한 모습이 소인배처럼 보이지만 그래도 내세울만하다." 또
묻되, "지금 위정자들은 어떻습니까." 공자가 말했다. "오호라. 한두 푼
밖에 안 되는 자들을 가리켜 내가 무엇을 말하리요."
　공자가 말했다. "뜻을 얻어 함께 할 이를 찾지 못하면, 그래도 꾼들
이나 대찬 사람들이 남아있지 않은가. 꾼들은 진취적이고, 대찬 이들은

맺고 끊는 것이 분명하다."

공자가 말했다. "남쪽에서는 항심(恒心)이 없으면 무당이나 의원이
되지 말라고 한다. 옳은 말이다. 덕이 항상되지 못하면 언젠가는 어려움
을 겪는다. 점괘 따위가 제대로 나오겠는가."

13-5

아무 일에든지 다툼이나 허영으로 하지 말고 오직 겸손한 마음으로 각각 자기보
다 남을 낫게 여기고(빌 2,3).

子曰 君子 和而不同 小人 同而不和
子貢問曰 鄕人皆好之 何如 子曰 未可也 鄕人皆惡之 何如 子曰 未可
也 不如鄕人之善者 好之 其不善者 惡之
子曰 君子 易事而難說也 說之 不以道不說也 及其使人也 器之 小人
難事而易說也 說之 雖不以道說也 及其使人也 求備焉
子曰 君子 泰而不驕 小人 驕而不泰
子曰 剛 毅 木 訥 近仁
子路 問曰 何如 斯可謂之士矣 子曰 切切偲偲怡怡如也 可謂士矣 朋友
切切偲偲 兄弟 怡怡
子曰 善人 敎民七年 亦可以則戎矣
子曰 以不敎民戰 是謂棄之

공자가 말했다. "군자는 함께 어울리지만 휩쓸리지 않는다. 소인은 서로 시시덕거리다가도 다툼이 끊이지 않는다."

자공이 물었다. "동네에서 다 좋아하면 괜찮습니까." 공자가 말했다. "글쎄 두고 봐야지." 다시 물었다. "동네에서 다 꺼려하면 어떻습니까." 공자가 말했다. "글쎄, 두고 봐야지. 동네 선한 이들은 좋아하고, 깐죽대는 이들이 꺼려하는 편이 더 낫다."

공자가 말했다. "군자를 섬기기는 쉬워도 군자에게 인정받기란 쉽지 않다. 기뻐하는 듯하나 도에 맞지 않으면 인정받지 못한다. 군자는 사람을 부릴 때 차별이 없다. 소인을 섬기기는 어렵지만 아부하기는 쉽다. 도에 어긋나더라도 쉬이 아부에 넘어가기 때문이다. 소인은 사람을 대할 때 완벽하기를 바란다."

공자가 말했다. "군자는 듬직하되 교만치 않고, 소인은 뜬금없이 날뛴다."

공자가 말했다. "굳세어 흔들림 없고 든든하며 경솔하지 않아야 인에 가깝다."

자로가 물었다. "어떻게 해야 선비라고 말할 수 있나요." 공자가 말했다. "허물없이 마음을 털어놓으며, 서로 간에 화목해야 선비라고 할 수 있다. 벗들 사이에서는 허물없이 마음을 털어놓아야 하고, 형제들끼리는 서로 화목해야 한다."

공자가 말했다. "선한 사람이 백성을 7년간 가르치면 든든한 군사가 된다."

공자가 말했다. "준비 없이 전쟁하면, 백성을 내다버리는 것과 마찬가지다."

***

여러 해 전인가요. 뜬금없이 대통령 못해먹겠다고 넋두리하던 지도자가 있었습니다. 때문에 명색이 대통령이라는 작자가 쓰잘 데 없는 얘기를 읊어댄다고 한 동안 나라가 시끌벅적 했었지요. 그런데 가만히 되짚어보니 논어의 「자로」편에 있는 이야기를 빗댄 것이었군요. 역설적으로 말한다면, 논어의 세계를 가장 깊이 꿰뚫어보았던 지도자였는지도 모릅니다.

먼 옛날 2500년 전 사람들 입에 오르내리던 성현의 말씀이, 오늘 우리나라의 현실과 조금도 다름이 없습니다. 깊은 뜻을 담은 가르침은, 동서와 고금을 막론하고 고전으로 남아 시공을 초월하고 영원한 베스트셀러가 됩니다. 그래서 성서 또한 함부로 선생과 지도자가 되지 말라고 얘기합니다. 다시 말해서 대통령 노릇은 물론이거니와 선생이나 지도자 노릇하는 것조차도 그리 만만치 않다는 말씀이올시다.

엉뚱하게 무지렁이가 잘못 처신하여 자신의 몸뚱아리 하나 망가지는 것쯤이야 별일 아닐 겁니다. 그러나 대통령이라든지 선생이나 지도자쯤 된다면 얘기가 조금 달라집니다. 소경이 소경을 인도하는 날에는 그야말로 도매금에 집안이나 나라가 홀딱 망하는 수가 있으니까요. 백년 전 나라 팔아먹었던 매국노와 지도자들의 행태를 가만히 들여다보면, 대한제국이 맥없이 무너진 이유를 쉽사리 알 수 있지 않습니까.

그리고 백여 년이 훌쩍 지난 오늘날까지도 그 망령이 우리 주위를 맴돌면서 불쑥불쑥 시도 때도 없이 머리를 쳐듭니다. 친일파 문제가 오늘날까지 우리 사회를 떠들썩하게 만드는 것도 다 이유가 있다는 말이지요. 겉만 번지르르한 사회에서는 거짓과 탐욕만이 가득하게 마련이고, 앞날 또한 캄캄할 따름입니다. 우리나라가 다른 나라에 비해 유독 사기범이 몇 배나 많다는 통계가 있는데, 이런 것도 다 나름대로 뿌리 깊은 사연이 그 속에 도사리고 있는 겁니다.

그래서인지 성서에서는 늘 '두렵고 떨리는' 마음으로 자신의 몸과 마음을 돌아보라고 얘기합니다(빌 2,12). 구원이라는 것이 그저 하늘에서 도깨비방망이처럼 뚝 떨어지는 것이 아니기 때문입니다. 어지러운 세상일수록 어리석은 이들이 지도자랍시고 더욱 날뛰는 것은 다 이유가 있으니 함부로 부화뇌동하지 말아야 합니다. 그럴수록 더욱 스스로를 돌아보고 정신 바짝 차리라는 말씀이구요.

뭣도 모르고 무턱대고 따라가는 이들이나, 아무런 생각도 없이 덩달아서 날뛰는 사람들의 앞날은 그저 끔찍할 뿐입니다. 그래서 성서에서는 어리석은 백성들은 어리석은 지도자를 좇아가다가 멸망한다는 무서운 말씀을 선포합니다. 하늘의 뜻을 저버리고 하나님조차 잊어버린 땅에서는, 내 몸뚱아리 하나 건사하기도 그리 간단치 않습니다. 그러니 말씀을 잃어버린 나와 가족, 그리고 사회 모두에게 어처구니없는 비극의 역사가 되풀이되는 것은 동서고금을 막론하고 틀림이 없는 교훈입니다.

14장

「憲問」 ─ 이 사람들이 잠잠하면

14-1

이 사람들이 잠잠하면 돌들이 소리지르리라 하시니라(눅 19, 40).

憲問 恥 子曰 邦有道 穀 邦無道 穀 恥也

克 伐 怨 欲 不行焉 可以爲仁矣 子曰 可以爲難矣 仁則吾不知也

子曰 士而懷居 不足以爲士矣

子曰 邦有道 危言危行 邦無道 危行言孫

子曰 有德者 必有言 有言者 不必有德 仁者 必有勇 勇者 不必有仁

南宮适 問於孔子曰 羿善射 奡盪舟 俱不得其死 然禹稷 躬稼而有天下

夫子不答 南宮适出 子曰 君子哉 若人 尙德哉 若人

子曰 君子而不仁者 有矣夫 未有 小人而仁者

子曰 愛之 能勿勞乎 忠焉 能勿誨乎

원헌이 부끄러움에 대해 물었다. 공자가 말했다. "나라에 도가 있어 녹을 받고 나라에 도가 사라져도 녹을 먹으니, 이것이 부끄러움이다."

"막무가내로 덤비는 것, 허풍떠는 것, 원망하는 것, 욕심내는 것을 삼가면 어질다 할 수 있나요." 공자가 답했다. "글쎄, 보통은 넘겠지만 과연 어질다 할 수 있을까."

공자가 말했다. "선비가 가만히 움츠리고만 있다면 선비라고 할 수 있을까."

공자가 말했다. "나라에 도가 있으면, 담대히 말하고 담대히 실천한다. 나라에 도가 없으면, 행동은 담대하고 말하는 것을 삼가라."

공자가 말했다. "덕이 있는 사람은 반드시 옳은 말을 한다. 하지만 옳은 말을 한다고 반드시 덕이 있는 것은 아니다. 어진 이는 언제나 담대하다. 하지만 담대하다고 반드시 어진 것은 아니다."

남궁괄이 공자에게 물었다. "예는 활을 잘 쏘고 오는 힘이 좋아 배를 끌고 다녔지만, 아쉽게 죽었지요. 우와 직은 농사꾼이었는데, 천하를 얻었네요." 공자가 입을 다물고, 남궁괄이 떠나자 말했다. "이 사람, 참으로 군자로다. 덕이 보통 아니구나."

공자가 말했다. "군자이면서 어질지 못한 이도 있겠지만, 소인이면서 어진 사람은 없는 법이다."

공자가 말했다. "사랑한다면 어찌 애쓰지 않으리오. 충성스럽다면 어찌 가르치지 않으리오."

14-2

나는 심었고 아볼로는 물을 주었으되 오직 하나님은 자라나게 하셨나니(고전 3,6).

子曰 爲命 裨諶 草創之 世叔 討論之 行人子羽 修飾之 東里子産 潤色之
或問 子産 子曰 惠人也 問子西 曰彼哉彼哉 問管仲 曰人也 奪伯氏騈
邑三百 飯疏食 沒齒無怨言
子曰 貧而無怨 難 富而無驕 易
子曰 孟公綽 爲趙魏老則優 不可以爲滕薛大夫
子路 問成人 子曰 若臧武仲之知 公綽之不欲 卞莊子之勇 冉求之藝
文之以禮樂 亦可以爲成人矣 曰今之成人者 何必然 見利思義 見危授
命 久要不忘平生之言 亦可以爲成人矣
子 問公叔文子於公明賈 曰信乎 夫子 不言不笑不取 公明賈對曰 以告
者過也 夫子 時然後言 人不厭其言 樂然後笑 人不厭其笑 義然後取
人不厭其取 子曰 其然 豈其然乎
子曰 臧武仲 以防 求爲後於魯 雖曰 不要君 吾不信也
子曰 晉文公 譎而不正 齊桓公 正而不譎

공자가 말했다. "어명이 내리면, 비침이 먼저 초고를 마련하고 세숙
이 이를 수정하며 행인 자우가 이를 가다듬고 동리 자산이 이를 마무리
한다."

어떤 이가 자산에 대해 물으니 공자가 말했다. "사랑이 많다." 자서에 대해 물으니 공자가 글쎄글쎄 하며 얼버무렸다. 관중에 대해 물으니 공자가 말했다. "인물이다. 백씨가 읍 삼백을 빼앗겨 형편이 어려울 텐데도 결코 툴툴거리지 않았다."

공자가 말했다. "가난한데 툴툴거리지 않기란 좀처럼 쉽지 않다. 넉넉한 데도 교만하지 않는 것은 그리 어렵지 않다."

공자가 말했다. "맹공작은 조나라, 위나라같이 큰 나라에 걸맞은 인물이다. 등나라, 설나라처럼 작은 곳에서 대부 벼슬하기에는 너무 아깝다."

자로가 바람직한 인간에 대해 물으니 공자가 말했다. "장무중의 지식과 공작의 깨끗한 마음과 변장자의 용기와 염구의 예술적 재능이 문장으로서 예악과 어우러지니 과연 인물답구나." 또 말했다. "요즈음 인물이라 함은 그 정도는 아닐 것이다. 이익보다는 의를 앞세우고, 위태로울 때에 하늘의 뜻을 잘 받들고, 어려울 때도 평생토록 약속을 잊지 않는다면 이 또한 인물일 것이다."

공자가 공명가에게 공숙문자에 대해 물었다. "공숙문자는 말도 없고, 웃지도 않고, 빼앗지도 않는다는데 참말이냐." 공명가가 대답했다. "소문이 좀 과장됐네요. 그분은 뜸을 들였다가 말하지요. 그러니 사람들이 귀 기울입니다. 한바탕 떠들썩한 이후에 빙그레 웃습니다. 그러니 사람들이 좋아합니다. 의로운 것인가를 따진 후에 차지합니다. 그러니 구구한 말이 없습니다." 이에 공자가 말했다. "그래. 과연 그럴까."

공자가 말했다. "노나라 장무중이 임금에게 한 자리 달라고 큰소리치는 것을 보니, 비록 반역하지는 않아도 믿을만한 사람은 아니다."

공자가 말했다. "진문공은 능수능란했으나 올곧지는 못했고, 제환공은 올바르지만 매끄럽지는 못했다."

14-3

좌우를 분변치 못하는 자가 십 이만 여명이요 육축도 많이 있나니 내가 아끼는 것이 어찌 합당치 아니하냐(욘 4, 11).

子路曰 桓公 殺公子糾 召忽死之 管仲不死 曰未仁乎 子曰 桓公 九合諸侯 不以兵車 管仲之力也 如其仁 如其仁
子貢曰 管仲非仁者與 桓公 殺公子糾 不能死 又相之 子曰 管仲 相桓公霸諸侯 一匡天下 民到于今 受其賜 微管仲 吾其被髮左衽矣 豈若匹夫匹婦之爲諒也 自經於溝瀆而莫之知也
公叔文子之臣 大夫 僎 與文子同升諸公 子 聞之曰 可以爲文矣
子言 衛靈公之無道也 康子曰 夫如是 奚而不喪 孔子曰 仲叔圉治賓客 祝鮀治宗廟 王孫賈治軍旅 夫如是 奚其喪

자로가 말했다. "환공이 공자 규를 죽이니 소홀도 죽었는데 관중만 홀로 살아남았으니 이는 어긋난 것 아닙니까." 공자가 말했다. "환공은 제후들을 두루 다독거렸다. 힘으로써 밀어붙인 것이 아니라 관중의 도움으로 그런 것이다. 이보다 나을 수 없다. 이보다 나을 수 없다."

자공이 말했다. "관중은 어질지 못한 사람 아닙니까. 환공이 공자 규를 죽였는데, 따라 죽기보다 오히려 마음을 바꾸었습니다." 공자가 말했다. "관중은 환공을 도와 제후를 아우르고 천하를 평정했고, 오늘 많은 백성들이 그 덕을 입고 있다. 만약 관중이 없었다면 우리는 오랑캐를 벗어나지 못했으리라. 어찌 하찮은 인정에 사로잡혀 헛되이 목매다는 어리석은 짓을 하는가."

공숙문자를 섬기던 대부 선이 문자와 나란하게 공의 위치에 올랐다. 공자가 이를 듣고 말했다. "역시 문자는 이름값을 하는 인물이구나."

공자가 위령공이 어긋남을 거론하였다. 그러자 강자가 말했다. "그렇다면 어찌 망하지 않을까요." 공자가 말했다. "중숙어가 나라 밖을 잘 헤아리고, 안에서는 축타가 질서를 바로잡고, 왕손가가 군사들을 잘 거느리는데 쉽사리 망하겠느냐."

14-4

잠잠할 때가 있고 말할 때가 있으며(전 3, 7).

子曰 其言之不怍 則爲之也難
陳成子 弑簡公 孔子 沐浴而朝 告於哀公曰 陳恒弑其君 請討之 公曰
告夫三子 孔子曰 以吾從大夫之後 不敢不告也 君曰 告夫三子者 之三
子告 不可 孔子曰 以吾從大夫之後 不敢不告也
子路 問事君 子曰 勿欺也而犯之

공자가 말했다. "말을 조심스레 하지 않으면 실천하기가 매우 어렵다."

제나라 진성자가 임금을 죽였다. 공자가 목욕재계하고 노나라 애공에게 나가 말했다. "진항이 임금을 죽였으니 토벌해야 합니다." 애공이 말했다. "세 정승에게 물어보라." 공자가 말했다. "내가 대부의 반열에 있으므로 얘기하지 않을 수 없었는데, 임금이 세 정승에게 물어보라 하는구나." 이윽고 세 정승에게 말하니 반대하였다. 공자가 말했다. "내가 대부의 반열에 있으므로 마땅히 말할 뿐이다."

자로가 임금 섬기는 법을 물었다. 공자가 말했다. "사심 없이 터놓고 말하거라."

14-5

우리의 씨름은 혈과 육에 대한 것이 아니오(엡 6,12).

子曰 君子 上達 小人 下達

子曰 古之學者 爲己 今之學者 爲人

籧伯玉 使人於孔子 孔子 與之坐而問焉曰 夫子 何爲 對曰 夫子 欲寡
其過而未能也 使者出 子曰 使乎使乎

子曰 不在其位 不謀其政

曾子曰 君子 思 不出其位

子曰 君子 恥其言而過其行

공자가 말했다. "군자는 하늘 뜻을 헤아리고, 소인은 눈앞에 연연한다.

공자가 말했다. "옛 학자는 자신을 돌아보고, 오늘날 학자는 다른 이를 돌아본다."

거백옥이 공자에게 사람을 보냈다. 이윽고 공자가 사자를 만나 물었다. "주인은 어떤 사람인가." 사자가 대답했다. "주인은 허물을 힘써 고치려는 사람입니다." 사자가 떠나고 공자가 말했다. "참으로 사자답구나. 사자답구나."

공자가 말했다. "책임자가 아니라면 더불어 의논하지 않는다."

증자가 말했다. "군자라면 모름지기 깊이 생각하고 분수를 벗어나지 않는다."

공자가 말했다. "군자는 말을 삼가고 앞장서서 실천한다."

14-6

믿음, 소망, 사랑 이 세 가지는 항상 있을 것인데(고전 13,13).

子曰 君子 道者三 我無能焉 仁者不憂 知子不惑 勇者不懼 子貢曰 夫子自道也

子貢 方人 子曰 賜也 賢乎哉 夫我則不暇

子曰 不患人之不己知 患其不能也

子曰 不逆詐 不億不信 抑亦先覺者 是賢乎

微生畝 謂孔子曰 丘 何爲是栖栖者與 無乃爲佞乎 孔子曰 非敢爲佞也

疾固也

子曰 驥 不稱其力 稱其德也

공자가 말했다. "군자에게는 세 가지 도(道)가 있는데, 나는 미치지 못할 바이다. 어진 자이니 근심이 없고, 지혜로운 자이니 흔들림이 없고, 용기 있는 자이니 두려움이 없다." 자공이 말했다. "바로 선생님의 모습이다."

자공은 사람을 요리조리 따져보았다. 이에 공자가 말했다. "자공이 똑똑한 체하는구나. 나는 그럴 정도로 한가한 사람이 아니다."

공자가 말했다. "사람들이 알아주지 않음을 근심하지 말고, 먼저 자신의 부족함을 돌아보아라."

공자가 말했다. "속임수가 있을까 넘겨짚지 말고, 불신할까 지레짐작하지도 말라. 도리어 먼저 헤아리고 이끄는 자가 지혜로운 사람이다."

미생무가 공자를 가리켜 말했다. "공자는 여기저기 들쑤시고 다니니, 어찌 오지랖이 그리 넓은가. 말만 번지르르한 것 아닌가." 이윽고 공자가 말했다. "떠벌리고 다니는 것이 아니다. 어리석음을 일깨우려는 것일 뿐이다."

공자가 말했다. "천리마라는 것은, 힘이 아니라 그 덕을 말하는 것이다."

내가 하나님을 대신하리이까(창 50,15).

或曰 以德報怨 何如 子曰 何以報德 以直報怨 以德報德

子曰 莫我知也夫 子貢曰 何爲 其莫知子也 子曰 不怨天 不尤人 下學
而上達 知我者 其天乎

公伯寮 愬子路於季孫 子服景伯 以告曰 夫子 固有惑志於公伯寮 吾力
猶能肆諸市朝 子曰 道之將行也與 命也 道之將廢也與 命也 公伯寮
其如命何

子曰 賢者辟世 其次辟地 其次辟色 其次辟言

子曰 作者 七人矣

　어떤 이가 말했다. "덕으로 원수 갚는 것은 어떠합니까." 공자가 말
했다. "어찌 덕으로 갚겠는가. 원수에 합당하게 갚고, 덕으로 덕에 보답
하는 것이다."

　공자가 말했다. "나를 알아주는 이가 없구나." 자공이 말했다. "나를
알아주는 이가 없다니, 어째서지요." 공자가 말했다. "하늘 탓하지도 않
거니와, 사람 탓하지도 않는다. 부지런히 익혀서 하늘 뜻 헤아리니, 내
마음을 아는 이는 하늘뿐이다."

　공백료가 계씨에게 자로를 험담했다. 이에 자복경백이 공자에게 말
했다. "계씨가 공백료의 험담에 많이 흔들리고 있습니다. 제가 나서서

이놈 잡아 족칠까요." 공자가 말했다. "장차 도가 크게 일어나는 것도 운명이고, 도가 사라져버리는 것도 또한 운명이다. 공백료 따위가 뭘 어쩌겠는가."

공자가 말했다. "지혜로운 사람은 세상을 삼가고 그 다음은 동네를 잘 헤아리고 그 다음은 사람들을 가려 살피고 그 다음은 말을 삼간다."

공자가 말했다. "옛적에 일곱 명의 훌륭한 인물이 있었다."

14-8

저는 내게 대하여 길한 일은 예언하지 아니하고 흉한 일만 예언하기로 내가 저를 미워하나이다(왕상 22,8).

子路 宿於石門 晨門曰 奚自 子路曰 自孔氏 曰是知其不可而爲之者與
子 擊磬於衛 有荷簣而過孔氏之門者 曰有心哉 擊磬乎 旣而 曰鄙哉
硜硜乎 莫己知也 斯己而已矣 深則厲 淺則揭 子曰 果哉 末之難矣
子張曰 書云 高宗 諒陰三年不言 何謂也 子曰 何必 高宗 古之人 皆然
君薨 百官總己 以聽於冢宰三年
子曰 上好禮 則民易使也

자로가 석문에 머무르는데, 그곳 문지기가 물었다. "어디에서 왔소." 자로가 말했다.

"공자의 제자다." 말하되, "불가능한 것을 애쓰는 그 사람이로구나."

공자가 위나라 머물 때 편경을 연주하니, 지게를 지고 문 앞을 지나던 사람이 말했다. "음악소리를 듣자니, 사연이 절절하구나." 잠시 후 또 말했다. "깽깽이 소리가 애처롭도다. 세상이 알아주지 않으면 그러려니 하고 넘겨야지. 물이 깊으면 건너가고, 얕으면 발을 담그는 것이다." 공자가 말했다. "그렇게 쉽사리 얘기할 문제가 아니다."

자장이 말했다. "서경에 이르길, 은나라 고종이 초막에서 3년간 말이 없었다는데 이는 무슨 뜻입니까." 공자가 말했다. "어찌 고종뿐이겠느냐. 옛날 사람들은 다 그랬다. 임금이 죽으면 문무백관 모두 3년간 총재를 따랐을 뿐이다."

공자가 말했다. "윗사람이 예를 좋아하면 백성들은 저절로 다스려진다."

14-9

상전들아 의와 공평을 종들에게 베풀찌너 너희에게도 하늘에 상전이 계심을 알찌어다(골 4,1).

子路問君子 子曰 修己以敬 曰如斯而已乎 曰修己以安人 曰如斯而已乎 曰修己以安百姓 修己以安百姓 堯舜 其猶病諸

原壤 夷俟 子曰 幼而不孫弟 長而無述焉 老而不死 是爲 賊 以杖叩其脛

闕黨童子 將命 或問之 曰益者與 子曰 吾見其居於位也 見其與先生竝行也 非求益者也 欲速成者也

자로가 군자에 대해 물으니 공자가 말했다. "삼가 늘 자신을 돌아보아라." 또 묻되, "이것뿐입니까." 답하되, "자신을 살피고 이웃을 돌아보아라." 또 묻되, "이것뿐입니까." 답하되, "자신을 살피고 이웃과 뭇 백성을 돌보아라. 이는 요·순 임금도 평생토록 힘을 다해 씨름한 것이다."

원양이라는 친구가 비딱하게 앉아 있다가 마주치니 공자가 말했다. "어려서는 버르장머리 없었고, 커서는 뭐하나 제대로 한 것이 없으며, 늙어서는 죽지도 않으니 이 놈이 바로 원수로다." 이윽고 정강이를 막대기로 걸어찼다.

궐당의 심부름꾼 꼬마를 보고 어떤 이가 물었다. "배우는 바가 많겠네요." 공자가 말했다. "내가 가만히 지켜보니, 선생님이 지나가도 버르장머리가 없는데다가 열심을 내기보다는 재빨리 욕심만 채우려는 녀석이다."

* * *

앞서 「선진」편을 비롯하여 「안연」편과 「자로」편, 그리고 여기 「헌문」편에 이르기까지 제자와 공자의 일상에 관련된 일련의 삽화가 이어지고 있습니다. 공자의 제자와 관련된 각각의 이야기들은 마치 성서의 마태, 마가, 누가, 요한 등의 복음서와 같이 제자들의 이름을 빌어 다양한 예수상을 제공하는 것과 같은 역할을 합니다. 이를 통해서 공자의 메시지와 그 성격을 더욱 잘 그려내고 있기 때문에, 하나하나 주의 깊게 살펴볼 필요가 있습니다.

특별히 헌문 편에서는 군자와 소인의 구조가 더욱 강조되어 나타나는데, 다른 곳에서 말하는 색깔보다 좀 더 비정치적인 어투가 언뜻언뜻 비치기도 합니다. 예를 들자면, 하늘의 뜻을 헤아리면서 운명을 기다린다든지, 현실정치에서의 흥망성쇠를 말하면서도 비교적 객관적인 입장으로 물러앉는 듯한 인상을 받게 되니까 말입니다. 그런데 무엇보다도 여러 인물을 품평하는 기준이 아주 재미있습니다. 섬김에 있어 사람 사이의 사사로운 관계에 묶이거나 우물 안에 갇혀있지 않거든요. 오히려 하늘의 뜻을 받들어 백성들과 사해동포들을 편안하게 하는 것에 주안점을 둡니다.

그러므로 이러한 과정에서 군자와 소인이라는 세계관의 확립은, 어느 계층이나 신분의 고하를 가리지 않고 더욱 중요한 덕목으로 다루어질 수밖에 없습니다. 그렇게 놓고 따져본다면, 고대 동아시아 세계에서 말하는 천자, 제후, 사대부, 서민 등 일련의 계층구조(hierarchy)는 한낱 형식에 불과합니다. 모두가 하늘 아래서 숨을 쉬는 무지렁이들 중의 하나일 뿐이니까, 사실 도토리 키 재기 하는 셈이지요. 이러한 점에서 계급을 가리지 않고 누구에게나 군자의 삶을 선포하고 있는 공자의 메시지는 놀랍기 그지없습니다. 까닭에 시대와 지역을 초월하여 위대한 인류의 정신문화를 간직한 유산으로 오늘날까지 묵직하게 흔들리지 않고 이어지고 있습니다.

이즈음에서 떠오르는 것은 바로 성서의 창세기입니다. 인간 모두가

'하나님의 얼굴'(Imago Dei)을 지니고 있다는 성서의 선언도(창 1, 27) 마찬가지 모습이기 때문이지요. 절대 전제군주가 떠억 버티고 서서 호령하던 고대 근동지역을 떠올려 보십시오. 그 시절을 돌이켜보면, 그 곳에서는 사람 목숨이 하루살이나 파리만도 못하며, 한갓 흩날리는 티끌과 다를 바 없는 신세 아닙니까. 이러한 가운데 '인간이 하나님을 닮았다'는 선포가 떠억하니 울려 퍼집니다. 그러니 말 그대로 이전의 세계를 허물어버리고 새로운 세상을 여는 어마어마한 창세기의 사건이 아니고 무엇이겠습니까.

이처럼 인류에게는 동과 서를 가리지 않고 위대한 하늘의 비밀을 헤아리고 이를 선포했던 위대한 유산으로 고전이 자리 잡고 있습니다. 그래서 K. 야스퍼스 같은 철학자는 이 위대한 유산을 잉태했던 시대를 용케 가려내어 인류 정신문명의 빗장을 열어 제친 차축(車軸)시대였다고 멋진 이름을 붙입니다(Achsenzeit). 이렇듯 귀한 깨달음이 현대 과학문명이 낳은 핵전쟁 그리고 신자유주의와 버무려져 온통 수렁으로 빠져들어가는 인류를 구원하는 생명의 자양분이 되기를 빌어마지 않습니다.

15 장
「衛靈公」— 선을 행하는 자는 없나니

15-1

선을 행하는 자는 없나니 하나도 없도다(롬 3,12).

衛靈公 問陳於孔子 孔子對曰 俎豆之事 則嘗聞之矣 軍旅之事 未之學
也 明日遂行 在陳絶糧 從者病 莫能興 子路 慍見曰 君子亦有窮乎 子
曰 君子 固窮 小人 窮斯濫矣
子曰 賜也 女以予爲多學而識之者與 對曰 然 非與 曰非也 予 一以貫之
子曰 由 知德者鮮矣
子曰 無爲而治者 其舜也與 夫何爲哉 恭己正南面而已矣
子張 問行 子曰 言忠信 行篤敬 雖蠻貊之邦 行矣 言不忠信 行不篤敬
雖州里 行乎哉 立則見其參於前也 在輿則見其倚於衡也 夫然後行 子
張 書諸紳

위령공이 공자에게 진 치는 법을 물으니 공자가 대답했다. "제사법은 좀 배웠지만, 군사작전에 관해선 아는 게 없습니다." 다음 날 짐을 챙겨 떠나니, 진나라에서 식량 때문에 병자와 낙오자가 많았다. 자로가 답답하여 말했다. "군자가 어찌 어려움을 겪습니까." 공자가 말했다. "군자란 본디 어려운 법이다. 소인은 어려움을 견디지 못한다."

공자가 말했다. "사야, 너는 내가 박학다식한 것 같으냐." 대답하되, "당연하지 않습니까." 공자가 말했다. "아니다. 나는 오로지 하나만 붙들고 사느니라."

공자가 말했다. "자로야. 덕 있는 사람이 참으로 드물구나."

공자가 말했다. "물 흐르듯 다스리는 이는 순 임금이다. 어떻게 그럴 수 있을까. 삼가 자기를 돌아보고 올곧게 다스렸을 뿐이다."

자장이 실천에 관해 물으니 공자가 말했다. "말에 진심과 믿음이 있고, 실천함에 듬직하고 삼가는 마음이면, 비록 오랑캐 나라일지라도 만사형통이다. 말에 진심과 믿음이 없고 듬직함과 삼가는 마음이 없다면, 서울 한복판일지라도 엉망진창이 된다. 길을 나서거나, 수레를 타거나 한결같아야 실천할 수 있다." 자장이 말씀을 허리띠에 적었다.

15-2

내가 이스라엘 가운데 칠천 인을 남기리니(왕상 19,18).

子曰 直哉史魚 邦有道如矢 邦無道如矢 君子哉蘧伯玉 邦有道則仕 邦

無道則可卷而懷之

子曰 可與言而不與之言 失人 不可與言而與之言 失言 知者 不失人
亦不失言

子曰 志士 仁人 無求生以害仁 有殺身以成仁

子貢問爲仁 子曰工欲善其事 必先利其器 居是邦也 事其大夫之賢者
友其士之仁者

顔淵問爲邦 子曰行夏之時 乘殷之輅 服周之冕 樂則韶舞 放鄭聲遠佞
人 鄭聲淫佞人殆

공자가 말했다. "사어는 이렇듯 올곧은 사람이구나. 나라에 도가 있
으니 화살 같고, 나라에 도가 없어도 화살 같구나. 거백옥은 군자로구
나. 나라에 도가 있으매 충성하고, 나라에 도가 없으매 말없이 물러가는
구나."

공자가 말했다. "더불어 말이 통하는 사이임에도 사귀지 못한다면
인물을 놓치는 것이고, 말이 통하지 않는 데도 어울리고자 하면 실언이
된다. 지혜로운 사람은 결코 사람이나 말을 헛되이 잃어버리지 않는
다."

공자가 말했다. "뜻이 깊은 이와 어진 사람은, 인을 해치면서 이익을
구하지 않는다. 오히려 인을 이루기 위해 목숨을 아끼지 않는다."

자공이 인의 실천에 대해 물으니 공자가 말했다. "솜씨 있는 사람은
준비를 잘한다. 그 나라에 살고 싶으면, 먼저 지혜로운 대부를 찾고 좋
은 선비를 만나야한다."

안연이 나라 다스리는 법을 물으니 공자가 말했다. "하나라 달력과 은나라 수레를 쓰고 주나라 예복을 입는다. 음악은 소무를 쓰되, 정나라 음악은 버리고 아부하는 자들을 멀리하라. 정나라 음악은 간사하고, 아첨하는 이들은 위험하다."

15-3

… 오직 겸손한 마음으로 각각 자기보다 남을 낫게 여기고(빌 2,3).

子曰 人無遠慮 必有近憂
子曰 已矣乎 吾未見好德如好色者也
子曰 臧文仲 其竊位者與 知柳下惠之賢而不與立也
子曰 躬自厚而薄責於人 則遠怨矣
子曰 不曰如之何如之何者 吾末如之何也已矣
子曰 群居終日 言不及義 好行小慧 難矣哉

공자가 말했다. "앞날을 헤아리지 못하는 자는 반드시 어려움을 당한다."

공자가 말했다. "아뿔싸, 여인 사랑하듯이 덕을 좋아하는 이가 없구나."

공자가 말했다. "장문중은 자리만 차지하는 도둑놈이다. 유하혜가 지혜로운 자인 줄 알면서도 모르는 척 외면하였다."

공자가 말했다. "스스로에게는 채찍질하여 돌아보고 사람에게는 너그럽게 대하라. 그러면 원망이 모두 사라질 것이다."

공자가 말했다. "어찌할꼬 어찌할꼬 하며 되돌아보지 않는 사람은, 나도 끝내 어찌할 방법이 없다."

공자가 말했다. "하루 종일 몰려다니며 시시껄렁한 말로 끼리끼리 시시덕거린다면, 결과가 뻔하지 않겠느냐."

15-4

의인은 그 믿음으로 말미암아 살리라(합 2, 4).

子曰 君子 義以爲質 禮以行之 孫以出之 信以成之 君子哉
子曰 君子 病無能焉 不病人知不己知也
子曰 君子 疾沒世而名不稱焉
子曰 君子 求諸己 小人 求諸人
子曰 君子 矜而不爭 群而不黨
子曰 君子 不以言擧人 不以人廢言

공자가 말했다. "군자는 의로 바탕을 이루고 예로써 행동한다. 겸손하게 대하고 믿음으로 일을 마친다. 이러므로 군자라고 한다."

공자가 말했다. "군자는 스스로 부족함을 염려할 뿐, 남 탓하지 않는다."

공자가 말했다. "군자는 죽을 때 이름값 못하는 것을 걱정할 따름이다."

공자가 말했다. "군자는 스스로를 탓하고, 소인은 사람들을 탓한다."

공자가 말했다. "군자는 너그러워 다툼이 없고, 어울리되 부화뇌동하지 않는다."

공자가 말했다. "군자는 말만 듣고 사람을 평가하지 않으며, 사람만 보고 의견을 무시하지 않는다."

15-5

네 이웃을 네 몸과 같이 사랑하라(눅 10, 27).

子貢問曰 有一言而可以終身行之者乎 子曰 其恕乎 己所不欲勿施於人
子曰 吾之於人也 誰毁誰譽 如有所譽者 其有所試矣 斯民也 三代之所
以直道而行也
子曰 吾猶及史之闕文也 有馬者借人乘之 今亡矣夫
子曰 巧言亂德 小 不忍則 難大謀
子曰 衆惡之 必察焉 衆好之 必察焉
子曰 人能弘道 非道弘人
子曰 過而不改 是謂過矣
子曰 吾嘗終日不食 終夜不寢 以思無益 不如學也

자공이 물었다. "일평생 잊지 말아야 할 한 마디 가르침이 있습니까." 공자가 말했다. "너그러움이다. 내가 원치 않는 일이라면, 남에게 미루지 말라."

공자가 말했다. "내가 누구를 욕하고 누구를 칭찬하겠는가. 칭찬할 만하다면 이는 그럴만하리라. 사람들이 하, 은, 주 시대에 걸쳐 올곧은 바를 이루지 않았던가."

공자가 말했다. "나는 빈 칸을 남겨두는 사관처럼 살아왔다. 훌륭한 말은 조련사에게 맡기는 법인데, 이제는 옛날 얘기가 되어버렸다."

공자가 말했다. "번지르르한 말은 덕을 어지럽힌다. 사소한 일도 추스르지 못한다면 큰 일을 도모할 수 없다."

공자가 말했다. "모두가 꺼려하는 일이라면 반드시 들여다봐야 하고, 모두가 좋아하는 일 또한 반드시 되짚어봐야 한다."

공자가 말했다. "힘써 도를 실천하라. 도라는 것은 도깨비방망이가 아니다."

공자가 말했다. "허물이 있어도 고치지 않는 것을 가리켜 허물이라고 한다."

공자가 말했다. "일찍이 하루 내내 굶고 밤잠 설쳐가며 골똘히 명상해봤지만 별 쓸모가 없었다. 차라리 열심히 배우는 편이 훨씬 낫다."

15-6

무슨 독을 마실찌라도 해를 받지 아니하며(막 16,18).

子曰 君子謀道不謀食 耕也 餒在其中矣 學也 祿在其中矣 君子 憂道不

憂貧

子曰 知及之 仁不能守之 雖得之 必失之 知及之 仁能守之 不莊以涖之
則民不敬 知及之 仁能守之 莊而涖之 動之不以禮 未善也

子曰 君子 不可小知而可大受也 小人 不可大受而可小知也

子曰 民之於仁也 甚於水火 水火 吾見蹈而死者矣 未見蹈仁而死者也

子曰 當仁 不讓於師

공자가 말했다. "군자는 도를 따르고 먹거리를 좇지 않는다. 농사는
굶주림 때문이고, 배우는 것은 벼슬 때문이다. 군자는 도에 힘쓰고 가난
함을 탓하지 않는다."

공자가 말했다. "깨달음이 있어도 인으로 지키지 못하면 모두 헛수
고이다. 깨달음을 인으로 지킨다 해도 널리 퍼지지 않는다면 백성이 외
면한다. 깨달음을 인으로 지키고 널리 퍼진다 해도, 예에 어긋난다면
별 볼일 없을 것이다."

공자가 말했다. "군자란, 꼼수로 헤아리기보다는 통 큰 지혜를 얻는
것이다. 소인은, 커다란 깨달음보다는 자질구레한 지혜만을 얻을 수 있
다."

공자가 말했다. "인을 가까이하는 것은 불과 물을 가까이하는 것보
다 더 중요하다. 불이나 물에 빠지면 죽으려니와 인에 머무르는 자는
결코 죽지 않는다."

공자가 말했다. "인에 있어서는 결코 스승에게도 뒤지지 않는다."

너희는 삼가 행하여 좌로나 우로나 치우치지 말고(신 5,32).

子曰 君子 貞而不諒

子曰 事君 敬其事而後其食

子曰 有敎無類

子曰 道不同 不相爲謀

子曰 辭達而已矣

師冕見 及階 子曰 階也 及席 子曰 席也 皆坐 子告之曰 某在斯 某在斯

師冕出子張問曰 與師言之道與 子曰 然 固相師之道也

공자가 말했다. "군자는 올곧을 뿐, 결코 머뭇거리지 않는다."

공자가 말했다. "임금을 섬기매, 삼가 그 일을 받들고 난 후에 자기 몸을 돌본다."

공자가 말했다. "가르침에는 아무런 차별이 없다."

공자가 말했다. "도가 같지 않으면 어울려 도모하지 않는다."

공자가 말했다. "무릇 말이란 서로 통해야하는 것일 뿐이다."

악사 면이 계단 앞에 서자, 공자가 말했다. "계단입니다." 의자 앞에 이르자, 공자가 말했다. "의자입니다." 모두 자리를 잡자 공자가 꼼꼼히 일러주었다. "이 쪽은 아무개이고, 저 쪽은 아무개입니다." 악사가 떠나자 자장이 물었다. "악사를 모실 때 하는 법도입니까." 공자가 말했다.

"맞다. 예부터 악사 모시는 법이다."

***

15장 「위령공」편과 그리고 바로 이어지는 16장 「계씨」편에서는 각 편의 제목이 상징하는 것처럼, 한 나라의 지도자가 된다는 것과 나라를 다스린다는 것의 의미 즉 정치학에 관한 근본적인 물음을 다루고 있습니다. 일반적으로 동아시아에서 말하는 다스림의 기초에는 종묘(宗廟)와 사직(社稷)이라는 상징적인 두 축이 있습니다. 그런데 왕조를 중심하는 종묘와 백성과 나라를 중심으로 하는 사직 두 가지 가운데 어느 것에 방점을 찍는가에 따라 완전히 다른 세상이 펼쳐집니다.

첫 머리에서 위나라의 임금은 군대를 부강하게 만들어보고자 공자에게 부탁합니다. 이제 임금이 되었으니, 마땅히 천하를 호령하며 온통 손아귀에 쥐고 흔들어보려는 마음이 굴뚝같았을 겁니다. 그런데 이런 임금 앞에서 공자가 추구하였던 인(仁)의 세계는 별로 빛을 볼 수가 없습니다. 그러니 그 날 바로 짐을 꾸려 공자가 떠날 수밖에 없었던 것이고요. 사실 백성을 고루 편안케 하면, 나라는 저절로 부강하게 되는 것입니다. 그런데 이를 칼과 계략으로써 일으켜보려는 세상 임금들의 사고방식은, 공자가 말하는 의로움과 인의 세계와는 완전히 다른 세상입니다.

잘 알려진 바대로 춘추전국시대에는 끊임없이 새로운 나라와 왕조가 불같이 일어났다가 사라져버립니다. 그러므로 단순히 나라와 왕조를 유지하기에 급급한 패도(覇道)정치는 언뜻 근사해보이지만 사실 근시안적인 통치에 불과합니다. 모름지기 백성의 평안을 꾀하고, 천하를 다스리기 위해 하늘의 이치를 실천하는 것은 쉽지 않은 선택입니다. 그러기에 인과 의로움의 통치는 사직을 근본으로 합니다. 그러다보면 덤으로 종묘의 안전은 저절로 이루어지는 셈입니다. 이는 결국 훗날 천하를 통일하였던 한나라의 유교화 정책을 통하여 어느 정도 현실로 이루어집니다.

성서에 나타난 이스라엘의 역사를 보아도 여기에서 크게 벗어나지 않습니다. 사사시대를 거쳐 왕정으로 옮겨가는 과정에서 사울왕조나 다윗왕조의 형성과 소멸은 야웨 하나님의 의로움과 말씀이 온전히 지켜지는가가 중요한 기준이니까요. 이후 남과 북왕조로 나뉘고, 거듭되는 왕조의 생성과 소멸이 이루어지는 과정에서도 마찬가지입니다. 이때 남과 북의 예언자들은 끊임없이 하나님의 뜻을 꿋꿋하게 선포하는 동시에, 말씀이 제대로 이루어지는가를 부릅뜨고 지켜봅니다.

여기에서 예언자들은 목숨을 걸고 하나님의 말씀을 선포하는데, 이에 따라 왕조의 생성과 소멸에 자연스레 관여하게 됩니다. 이러한 예언자들의 모습은 유교에서 말하는 군자의 삶과 나란하게 서 있습니다. 때로 죽음의 위협에 처하지만, 군자는 조금도 흔들리지 않습니다. 그리고 진리의 담지자로서 뒤따르는 고통과 가난의 삶을 오히려 담담하게 받아들입니다. 또 한편 자연스레 물이 흘러가는 데로 따르는 나그네처럼 정처 없이 이곳저곳을 떠돌아다닐 수밖에 없습니다. 그런데도, 결코 뜻한 바를 포기하거나 현실에 주저앉아 안주하지도 않습니다.

그렇다고 해서 그들의 발자취가 삶을 마무리할 즈음에 그냥 소리 없이 묻혀버리고 말았을까요. 아니올시다. 이들이 남긴 발자취는 귀중한 어록으로 묶여져 후세 사람들에게 전해지고, 시대와 장소를 뛰어넘어 더욱 생생하게 살아납니다. 사람이 책을 만들고, 책은 다시 사람을 만들어나간다는 말 그대로입니다.

이 점에서 복음서라든지 갖가지 편지들이 책으로 묶여져 경전으로 남게 된 성서의 경우도 그렇거니와, 여러 제자들을 통해 책으로 엮어진 논어의 형성은 너무도 닮은 까닭에 매우 친근하게 느껴집니다. 그래서인지 성서로 만나는 논어의 세계는, 마치 처음부터 두 책이 형제자매였던 것처럼 나란히 놓고 보아도 썩 어울리지 않습니까.

16장

「季氏」 — 이제 너는 네 집이나 돌아보라

다윗이여 이제 너는 네 집이나 돌아보라 하고 이스라엘이 그 장막으로 돌아가니라(왕상 12,16).

季氏 將伐顓臾 冉有季路見於孔子曰 季氏將有事於顓臾 孔子曰 求無乃爾是過與 夫顓臾 昔者先王以爲東蒙主 且在邦域之中矣 是社稷之臣也 何以伐爲 冉有曰 夫子欲之 吾二臣者 皆不欲也 孔子曰 求 周任有言曰 陳力就列 不能者止 危而不持 顚而不扶 則將焉用彼相矣 且爾焉過矣 虎兕出於柙 龜玉毁於櫝中 是誰之過與 冉由曰 今夫顓臾 固而近於費 今不取 後世必爲子孫憂 孔子曰 求 君子 疾夫舍曰欲之而必爲之辭 丘也聞 有國有家者 不患寡而患不均 不患貧而患不安 蓋均無貧和無寡 安無傾 夫如是 故遠人不服 則修文德以來之 旣來之 則安之

今由與求也 相夫子 遠人不服而不能來也 邦分崩離析而不能守也 而
謀動干戈於邦內 吾恐 季孫之憂 不在顓臾 而在蕭墻之內也

　　계씨가 전유를 정벌하고자 했다. 염유와 계로가 공자를 찾아와 말했
다. "계씨가 전유를 정벌하려 합니다." 공자가 말했다. "어쩌자고 이런
일을 저지르는가. 전유는 옛 선왕께서 동몽의 주인으로 세웠고, 나라
안에 있으니 개국공신이다. 어찌 없애려는가." 염유가 말했다. "우리는
반대하지만, 계씨가 뜻하는 바입니다." 공자가 말했다. "주나라 임유가
말하기를 최선을 다해 섬기다가 역부족이면 물러난다고 했다. 위태하
면 막을 수 없고 자빠지면 붙들 수 없으니, 그런 신하는 쓸모가 없다.
어찌 그리 무책임한 말을 하는가. 호랑이와 무소가 우리를 뛰쳐나와 보
물을 망가뜨렸다면 누구 책임인가."
　　염유가 말했다. "지금 전유는 든든하고 우리 땅에 가깝습니다. 지금
해결하지 않으면 훗날 골칫거리가 됩니다." 공자가 말했다. "구야. 군자
는 욕심을 감추려고 꾸며대지 않는 법이다. 알다시피, 나라와 집안을
다스린다는 말은 부족함보다는 고르지 못함을 염려하는 것이고 빈곤함
보다는 편안치 못함을 염려하는 것이다. 대저 고르게 되면 가난이 사라
지고, 나누면 부족함이 없으며, 편안하면 무너질 염려가 없다. 이런즉
덕과 문화가 높아, 오랑캐가 사방에서 몰려오니 찾아오면 너그러이 맞
아준다. 지금 너희들이 계씨를 섬기고 있는데, 오랑캐들이 날뛰기만 할
뿐 오지 않는다. 나라는 사분오열 나뉘어 무너지는 판인데, 바로 잡기는
커녕 시끄러운 무기소리만 요란하다. 두렵건대, 계씨의 근심은 전유가

아니라 바로 집 울타리 안에 있다."

16-2

만일 그리하지 아니하고 회개치 아니하면 내가 네게 임하여 네 촛대를 그 자리에서 옮기리라(계 2, 5).

孔子曰 天下有道 則禮樂征伐自天子出 天下無道 則禮樂征伐自諸侯出 自諸侯出 皆十世希不失矣 自大夫出 五世希不失矣 陪臣執國命 三世希不失矣 天下有道 則政不在大夫 天下有道 則庶人不議
孔子曰 祿之去公室 五世矣 政逮於大夫 四世矣 故夫三桓之子孫 微矣

　공자가 말했다. "천하에 도가 있으면 예악과 다스림이 천자로부터 나오고, 천하에 도가 없으며 예악과 다스림이 제후로부터 나온다. 제후의 다스림은 대개 10대를 넘지 못하고, 대부의 다스림은 5대를 넘기지 못하며, 어리석은 이가 나라를 휘두르면 3대를 가지 못한다. 천하에 도가 있으면 대부가 왈가왈부하지 않으며, 천하에 도가 있으면 사람들이 수근거릴 까닭이 없다."
　공자가 말했다. "나라 벼슬이 임금의 손을 떠난 지 5대째이고, 나라 일이 대부 손에 넘어간 지 4대째이다. 까닭에 삼환의 자손들이 힘을 잃어가는구나."

성령의 열매는 사랑과 희락과 화평과 오래 참음과 자비와 양선과 충성과 온유와 절제니(갈 5,22-23).

孔子曰 益者三友 損者三友 友直 友諒 友多聞 益矣 友便辟 友善柔
友便佞 損矣

孔子曰 益者三樂 損者三樂 樂節禮樂 樂道人之善 樂多賢友 益矣 樂驕
樂 樂佚遊 樂宴樂 損矣

孔子曰 侍於君子 有三愆 言未及之而言 謂之躁 言及之而不言 謂之隱
未見顏色 而言謂之瞽

孔子曰 君子 有三戒 少之時 血氣未定 戒之在色 及其壯也 血氣方剛
戒之在鬪 及其老也 血氣旣衰 戒之在得

孔子曰 君子有三畏 畏天命 畏大人 畏聖人之言 小人 不知天命 而不畏
也 狎大人 侮聖人之言

孔子曰 生而知之者 上也 學而知之者 次也 困而學之 又其次也 困而不
學 民斯爲下矣

孔子曰 君子有九思 視思明 聽思聰 色思溫 貌思恭 言思忠 事思敬 疑
思問 忿思難 見得思義

공자가 말했다. "도움 되는 벗이 셋이고, 잘못되는 벗이 셋이다. 올곧은 벗, 진득한 벗, 박식한 벗이 도움이 된다. 적당히 기분만 맞춰주고 맞장구치면서 번지르르한 말만 늘어놓는 친구는 해가 된다."

공자가 말했다. "도움 되는 세 가지 습관과 해를 끼치는 세 가지 습관이 있다. 예악을 따르고, 선한 이를 따르며, 지혜로운 벗이 많은 것은 도움 되는 것이다. 성질이나 부리고, 제 멋대로 나대며, 흐드러지게 놀아나는 것은 해를 끼친다."

공자가 말했다. "임금 섬길 때 세 가지 허물이 있다. 건방지게 주제넘은 말하는 것과 입 다물고 슬그머니 넘어가는 것과 장님처럼 아무 때나 불쑥 질러대는 것이다."

공자가 말했다. "군자는 세 가지 지켜야할 것이 있다. 젊은 때는 혈기대로 여자를 따르지 말며, 어른이 힘세다고 함부로 거들먹거리지 말며, 나이 들어 꼬부라지면 너무 아등바등 욕심내지 말라."

공자가 말했다. "군자는 세 가지 명심해야 할 것이 있다. 천명을 우러르고, 대인을 우러르며, 성인의 말을 가슴에 새겨야 한다. 소인은 천명을 모르기에 함부로 날뛰고, 대인을 깔보며, 성인의 말을 무시해버린다."

공자가 말했다. "태어나면서부터 아는 자는 뛰어나고, 배워서 아는 자는 그 다음이며, 겨우 배우는 자가 그 다음이고, 궁한 데도 배우지 않는 사람은 대책이 없다."

공자가 말했다. "군자는 아홉 가지를 생각해야 한다. 볼 때는 깨달음을 생각하고, 들을 때는 지혜를 생각하고, 얼굴은 부드러워야 하고, 마음가짐은 공손해야 하고, 말할 때는 진실해야 하고, 일할 때는 겸손해야 하고, 궁금하면 물어야 하고, 화날 때는 결과를 생각해야 하고, 이로운 것이 있을 때는 의를 생각한다."

16-4

인자가 올 때에 세상에서 믿음을 보겠느냐 (눅 18, 8).

孔子曰 見善如不及 見不善如探湯 吾見其人矣 吾聞其語矣 隱居以求
其志 行義以達其道 吾聞其語矣 未見其人也
齊景公 有馬千駟 死之日 民無德而稱焉 伯夷叔齊 餓于首陽之下 民到
于今稱之 其斯之謂與

　　공자가 말했다. "선한 것을 보면 부족함을 느끼고, 선하지 않은 것은 뜨거운 것 만지듯 하는 이는 내가 보기도 하며 듣기도 하였다. 드러나지는 않아도 뜻을 굽히지 않고 의를 이루기에 변치 않고 힘쓰는 사람은 들어보기는 했지만 내가 아직 만나보지는 못했다."
　　제경공이 수천 마리 말과 수레를 가졌지만 죽으니 백성들이 거들떠보지도 않았다. 백이와 숙제는 수양산에서 굶어 죽었으나, 오늘날에도 백성들의 입에서 떠날 줄을 모른다.

누구든지 하나님의 뜻대로 하는 자는 내 형제요 자매요 모친이니라(막 3,35).

陳亢 問於伯魚曰 子亦有異聞乎 對曰 未也 嘗獨立 鯉趨而過庭 曰學詩
乎 對曰 未也 不學詩 無以言 鯉退而學詩 他日 又獨立 鯉趨而過庭
曰學禮乎 對曰 未也 不學禮 無以立 鯉退而學禮 聞斯二者 陳亢退而喜
曰 問一得三 聞詩 聞禮 又聞君子之遠其子也

邦君之妻 君稱之曰 夫人 夫人自稱曰 小童 邦人稱之曰 君夫人 稱諸異
邦曰 寡小君 異邦人稱之 亦曰 君夫人

　　진항이 백어에게 물었다. "선생님과 같이 사시니 특별히 배운 바가
있겠지요." 백어가 답했다. "없다. 언젠가 우두커니 계실 때, 갑자기 '시
(詩)를 배웠느냐' 묻기에 '아니요' 했더니 '시를 모르면 입도 뻥긋할 수
없다'고 하셨다. 그래서 열심히 시를 익혔다. 언젠가 지나치는데, 갑자
기 '예(禮)를 배웠느냐' 묻기에 '아니오' 했더니 '예를 모르면 사람 구실
을 못한다'고 하셨다. 물러나 예를 열심히 익혔으니, 이 두 가지뿐이다."
진항이 듣고 기뻐하며 말했다. "하나를 물어 세 가지를 알았다. 시와 예
에 관해 들었고, 군자가 자식 가르치는 법까지 알게 됐다."
　　임금이 부인을 말할 때는 부인이라 하고, 부인 스스로 말할 때는 소
동이라 한다. 나라 사람들이 부를 때는 군부인이라 하고, 다른 나라에게
는 과소군이라 부르며, 다른 나라 사람들은 똑같이 군부인이라 부른다.

＊＊＊

「계씨」편에서는 함량미달인 지도자가 제대로 다스리지 못하여 나라가 어지럽게 되는 모습이 자주 거론됩니다. 아울러 그에 따라 어리석은 지도자가 훗날 어떻게 평가되는가하는 통치철학의 단면이 오롯이 담겨있습니다. 따라서 지도자로서의 군자의 덕목으로 더욱 철저한 자기수양의 공부과정이 필요하게 됩니다. 그런데 성서에서도 이러한 사유방식은 별로 다르지 않습니다.

대표적인 사례가 바로 솔로몬 왕이 죽은 이후에 나라가 둘로 나뉘는 이스라엘의 역사에서 잘 드러납니다. 솔로몬의 왕위를 이어받은 아들 르호보암은 철없이 굴다가 그만 대형 사고를 일으키니까요. 그는 원로들의 지혜와 간곡한 가르침을 무시하고, 제 맘대로 젊은 혈기를 휘둘러 나라 일을 처리해버립니다. 그러자 무시당한 이스라엘의 나머지 열 지파가 가만히 있었겠습니까. 코웃음을 치며, '다윗이여, 이제 너는 네 집이나 돌아보라'고 다윗 왕조를 조롱하더니 그냥 쿨하게(?) 돌아섭니다.

그리고는 일찌감치 솔로몬 통치시절부터 엄격한 검증을 통해 모두에게 인정받았다가 미움을 받고 이웃나라로 망명했던 여로보암을 불러들입니다. 다윗 왕조를 대신해 백성들의 지도자로 삼은 것입니다. 그런데 그는 사실 과부의 아들에 불과한 보잘것없는 사람입니다(왕상 11, 26). 그렇지만 누구에게나 존경받았던 인물이라 임금의 자리에까지 오르게 된 것입니다.

그래서일까요. 재미있게도 바로 「계씨」편 마지막 단락에 불쑥 끼어

들은 이야기가 눈에 쏙 들어오는군요. 보기 드물게 공자와 그 아들 백어가 등장하는 이야기가 바로 그것입니다. 시경을 익히고, 예(禮)의 가르침을 열심히 헤아리는 것 못지않게 중요한 것이 있습니다. 바로 자신의 가장 가까운 사람들이 그 중요성을 같이 공유하고 있는가의 문제입니다. 그래서 자기 수양의 문제 못지않게, 군자가 자식을 가르치는 일이 얼마나 힘들고 중요한 것인지를 은근한 비유로 일러줍니다.

일반적으로 동아시아 사회에서 나타나는 가족주의나 온정주의(溫情主義)는 세습이라든지 족벌주의 등으로 이어지기가 쉽습니다. 그리고 이것이 유교전통의 전부인양 오해되기 쉬운 것이 보통이지요. 이에 비추어볼 때, 공자가 자녀들에게 역차별이라 생각될 정도로 더욱 철저하게 자기수양의 길을 일깨웠다는 사실은 우리를 더욱 놀랍게 합니다. 그런데 성서에서도 마찬가지입니다. 엘리 제사장이 자녀교육을 게을리했을 때, 그 결과가 어떻게 되었을까요. 자신의 가문은 말할 것도 없거니와 이스라엘 나라 전체가 쑥대밭이 되었던 사건(삼상 4,17)을 돌이켜보면, 그다지 새삼스러울 것도 없는 세상 이치입니다.

1 7 장

「陽貨」— 네 마음도 진실하냐

17-1

내 마음이 네 마음을 향하여 진실함과 같이 네 마음도 진실하냐(왕하 10,15).

陽貨 欲見孔子 孔子不見 歸孔子豚 孔子 時其亡也而往拜之 遇諸塗
謂孔子曰 來 予與爾言 曰懷其寶而迷其邦 可謂仁乎 曰不可 好從事而
亟失時 可謂知乎 曰不可 日月逝矣 歲不我與 孔子曰諾 吾將仕矣
子曰 性相近也 習相遠也
子曰 唯 上知與下愚 不移

양화가 공자를 만나고자 하였다. 공자가 피하니, 돼지를 선물로 보
냈다. 이에 공자는 그가 자리에 없을 때 인사차 들렀는데, 그만 길에서
마주쳤다. 양화가 말했다. "할 말이 있으니 한 번 들르시오. 보물이 있는

데도 나라가 어지럽다면, 과연 어진 것일까요." 답하되, "아니지요." 양
화가 말했다. "나라를 바로잡고자 함에도 때를 놓친다면, 과연 지혜로
울까요." 답하되, "아니지요." 그러자 양화가 말했다. "세월은 흐르게 마
련이고, 무작정 기다려주지는 않습니다." 공자가 말했다. "알겠습니다.
조만간 나아가겠습니다."

　　공자가 말했다. "사람의 마음은 모두 비슷하지만, 행동거지는 모두
제각각이다."

　　공자가 말했다. "홀륭한 지혜의 사람과 어리석은 이는 쉽게 바뀌지
않는다."

17-2

상 아래 개들도 아이들의 먹던 부스러기를 먹나이다(막 7, 28).

子之武城 聞弦歌之聲 夫子 莞爾而笑曰 割雞 焉用牛刀 子游對曰 昔者
偃也聞諸夫子 曰君子學道 則愛人 小人學道 則易使也 子曰 二三者
偃之言是也 前言戲之耳
公山不擾 以費畔召 子欲往 子路不說曰 末之也已 何必 公山氏之之也
子曰 夫召我者而 豈徒哉 如有用我者 吾其爲東周乎
子張 問仁於孔子 孔子曰 能行五者於天下 爲仁矣 請問之 曰恭寬信敏
惠 恭則不侮 寬則得衆 信則人任焉 敏則有功 惠則足以使人
佛肸 召 子欲往 子路曰 昔者 由也 聞諸夫子 曰親於其身 爲不善者

君子不入也 佛肸 以中牟畔 子之往也 如之何 子曰 然 有是言也 不曰
堅乎 磨而不磷 不曰白乎 涅而不緇 吾豈匏瓜也哉 焉能繫而不食

공자가 무성지방에 가니 훌륭한 음악으로 가득했다. 공자가 너털웃
음으로 말했다. "닭 잡는 데 소 잡는 칼을 쓰는구나." 자유가 정색하며
말했다. "예전에 선생님께 배울 때, 군자가 도를 배우면 백성을 사랑하
고 소인이 도를 배우면 일하기 쉽다고 하셨지요." 공자가 말했다. "얘들
아, 자유의 말이 옳구나. 아까 내 말은 우스개였다."

공산불요가 비읍을 근거지로 삼아 부르니 공자가 가려고 하였다. 자
로가 꺼려하며 말했다. "안됩니다. 하필이면 공산 씨에게 가려고 하십
니까." 공자가 말했다. "나를 부른 것일 뿐이다. 어찌 무턱대고 가는 것
이겠는가. 나를 필요로 한다면, 내가 가서 멋진 나라를 만들어보리라."

자장이 공자에게 인을 물었다. "천하에 인을 이루는 다섯 가지를 말
씀해주시지요." 이에 대답했다. "겸손하고, 너그러우며, 믿음이 있고,
깊이 살피며, 베푸는 것이다. 겸손하니 부끄러움을 당하지 않고, 너그
러우니 사람을 얻게 되고, 믿음이 있으니 사람이 안심하며, 깊이 살피니
이루는 바가 있고, 베푸니 사람을 다스리기에 충분하다."

필힐이 초청하니 공자가 가려고 하였다. 자로가 말했다. "예전에 제
가 배울 때 말씀하시길, 기꺼이 몸을 움직임에 선하지 못한 일에는 군자
가 나서지 않는다고 했습니다. 필힐이 중모 땅에서 일을 벌였는데, 선생
님이 가신다면 무슨 꼴입니까." 공자가 말했다. "그렇게 말했었지. 든든
하다고 했지 않느냐. 닳아도 줄줄 새지는 않는다. 깨끗하다고 했지 않느

냐. 진흙이 묻으면 털어내면 되느니라. 어찌 내가 바가지와 오이 신세이
겠느냐. 덩그러니 빛 좋은 개살구로 남겠느냐."

17-3

나더러 주여 주여 하는 자마다 천국에 다 들어갈 것이 아니요(마 7, 21).

子曰 由也 女聞六言六蔽矣乎 對曰 未也 居 吾語女 好仁不好學 其蔽
也 愚 好知不好學 其蔽也 蕩 好信不好學 其蔽也 賊 好直不好學 其蔽
也 絞 好勇不好學 其蔽也 亂 好剛不好學 其蔽也 狂
子曰 小子 何莫學夫詩 詩可以興 可以觀 可以群 可以怨 邇之事父 遠
之事君 多識於鳥獸草木之名
子謂伯魚曰 女爲周南召南矣乎 人而不爲 周南召南 其猶正墻面而立
也與
子曰 禮云禮云 玉帛云乎哉 樂云樂云 鍾鼓云乎哉
子曰 色厲而內荏 譬諸小人 其猶穿窬之盜也與
子曰 鄕原 德之賊也

공자가 말했다. "자로야, 여섯 가지 말과 여섯 가지 말썽에 대해 들
었느냐." 이에 대답했다. "못 들었습니다." "그러면 가르쳐주마. 인을 좋
아하되 힘써 배우지 않으면, 이는 어리석음이다. 지식을 좋아하되 배우
지 않으면, 이 또한 헛것이다. 믿음을 좋아하되 배우지 않으면, 이 또한

해로운 것이다. 올곧으려고 하되 또한 배우지 않으니, 이 또한 답답하기 그지없다. 용감하고자 하되 배움이 없으면, 괜스레 시끄럽기만 하다. 듬직하고자 하되 배움이 없으면, 난폭하게 된다."

공자가 말했다. "너희들은 왜 시경을 공부하지 않느냐. 시경을 공부하면 신나고, 세상을 헤아리게 되고, 누구와도 어울리게 되고, 슬픔도 달랠 수 있다. 가까이는 부모를 섬기며, 크게는 임금을 섬길 수 있다. 또한 삼라만상을 아는 만물박사가 된다."

공자가 아들 백어에게 말했다. "너는 주남과 소남을 배우고 있느냐. 사람이 되어 이를 모르면 담벼락을 바라보는 것과 같다."

공자가 말했다. "예(禮)를 들먹이는 것은, 단순히 보석이나 치장 따위를 말하는 것이 아니다. 악(樂)이라는 말은, 그저 종을 치거나 북을 두드리는 것에 그치지 않는다."

공자가 말했다. "겉만 번지르르하고 속은 썩었다면 소인과 다름없고, 담을 넘거나 벽을 뚫는 도둑과도 같다."

공자가 말했다. "향원은 덕을 훔치는 도둑놈이다."

17-4

이 말을 듣고 행치 아니하는 자는 그 집을 모래 위에 지은 어리석은 사람 같으리니 (마 7,26).

子曰 道聽而塗說 德之棄也

子曰 鄙夫 可與事君也與哉 其未得之也 患得之 既得之 患失之 苟患失
之 無所不至矣 子曰 古者 民有三疾 今也或是之亡也 古之狂也肆 今之
狂也蕩 古之矜也廉 今之矜也忿戾 古之愚也直 今之愚也詐而已矣
子曰 巧言令色 鮮矣仁
子曰 惡紫之奪朱也 惡鄭聲之亂雅樂也 惡利口之覆邦家者

　　공자가 말했다. "도를 듣고서 행치 않는 것은 덕을 버리는 것이다."
　　공자가 말했다. "졸장부들이 감히 나라와 임금을 섬길 수 있겠는가.
자리 하나 얻으려고 꼼수를 쓰다가, 얻고 나면 사라질까 안절부절 어쩔
줄 모른다. 이렇듯 끙끙대다보면 나중에는 눈에 뵈는 게 없다."
　　공자가 말했다. "옛 사람들에게 세 가지 고집이 있었는데 요즘은 다
사라지고 말았다. 옛날 꾼들은 시원시원한 맛이 있었다. 그런데 요즘
꾼들은 제멋대로 놀아나기만 한다. 옛날 건달은 맺고 끊는 것이 있었는
데, 요즘은 투덜대고 투닥거리기만 한다. 옛날 무지렁이들은 딱 부러지
는 면이 있었는데 요즘은 사바사바할 뿐이다."
　　공자가 말했다. "꾸며대는 말과 겉치레에는 인을 찾아볼 수 없다."
　　공자가 말했다. "굴러온 돌이 박힌 돌을 밀어내고, 난삽한 음악이 아
름다운 음악을 몰아내며, 입만 나불거리다가 나라와 집 안을 거덜내는
것을 조심하라."

17-5

공중의 새를 보라. 심지도 않고 거두지도 않고 창고에 모아들이지도 아니하되 너희 천부께서 기르시나니(마 6,26).

子曰 予欲無言 子貢曰 子如不言 則小子何述焉 子曰 天何言哉 四時行焉 百物生焉 天何言哉

孺悲 欲見孔子 孔子辭以疾 將命者出戶 取瑟而歌 使之聞之

宰我問 三年之喪 期已久矣 君子 三年不爲禮 禮必壞 三年不爲樂 樂必崩 舊穀旣沒 新穀旣升 鑽燧改火 期可已矣 子曰 食夫稻 衣夫錦 於女安乎 曰安 女安則爲之 夫君子之居喪 食旨不甘 聞樂不樂 居處不安 故不爲也 今女安 則爲之 宰我出 子曰 予之不仁也 子生三年然後免於父母之懷 夫三年之喪 天下之通喪也 予也有三年之愛於其父母乎

공자가 말했다. "이제는 더 할 말이 없구나." 자공이 말했다. "선생님이 말씀하지 않으면 우리는 어찌하나요." 공자가 말했다. "하늘이 더 무슨 말을 하겠는가. 사시사철 따라서 때가 무르익고 삼라만상이 드러난다. 하늘이 더 무슨 말을 하겠는가."

유비가 공자를 만나고자 하였으나, 공자가 아프다고 핑계하며 물리쳤다. 심부름꾼이 말을 전하러 나가자마자 가야금을 타며 노래하니 모든 사람이 들었다.

재아가 물었다. "삼년상은 너무 길지 않나요. 군자가 3년간 예를 잊으면 무너지고 맙니다. 3년간 음악이 없으면 역시 사라집니다. 옛 곡식도 바닥나 새 곡식이 올라오고, 부뚜막의 불씨도 새 것으로 바뀌니 1년으로 충분합니다." 공자가 말했다. "쌀밥을 먹고 비단옷을 입으면 마음이 편안하겠냐." 답하되, "예 편안합니다." "그렇다면 네 맘대로 해라. 무릇 군자는 상을 당하면 먹어도 맛을 모르고, 음악도 귀에 들리지 않으며, 잠자리도 편치 않아 그리하는 것이다. 그런데 네 마음이 편하다면, 좋을 대로 해라." 재아가 떠나자, 공자가 말했다. "모진 녀석이구나. 태어나 3년쯤 지나야 부모 품을 벗어나니, 삼년상은 세상 어디나 마찬가지다. 아마 재아는 3년 동안 부모사랑을 제대로 못 받은 게로구나."

17-6

오직 너는 스스로 삼가며 네 마음을 힘써 지키라(신 4,9).

子曰 飽食終日 無所用心 難矣哉 不有博奕者乎 爲之猶賢乎已
子路曰 君子尚勇乎 子曰 君子義以爲上 君子 有勇而無義 爲亂 小人有勇而無義 爲盜
子貢曰 君子 亦有惡乎 子曰 有惡 惡稱人之惡者 惡居下流而訕上者惡勇而無禮者 惡果敢而窒者 曰賜也 亦有惡乎 惡徼以爲知者 惡不孫以爲勇者 惡訐以爲直者
子曰 唯女子與小人 爲難養也 近之則不孫 遠之則怨
子曰 年四十而見惡焉 其終也已

공자가 말했다. "배가 두둑하도록 하루 종일 먹더라도, 마음 둘 곳이 없다면 곤란한 일을 겪는다. 장기나 바둑이라도 하는 것이 훨씬 나을 것이다."

자로가 말했다. "군자는 용감해야 합니까." 공자가 말했다. "군자는 의를 가장 귀하게 여긴다. 군자가 용감하되 의가 없으면 세상에 난리가 난다. 소인이 용맹하되 의가 없으면 도적놈이 된다."

자공이 물었다. "군자도 꺼리는 바가 있나요." 공자가 말했다. "물론이다. 사람들의 허물을 들쑤시는 것을 싫어하며, 무리들과 어울려 윗사람 헐뜯는 것을 싫어하며, 용맹하되 예를 갖추지 못한 이를 싫어하며, 듬직하기는 하지만 꽉 막힌 사람을 싫어한다. 그런데 너는 무엇을 꺼리느냐." 자공이 말했다. "지식을 훔쳐 떠벌이는 것을 싫어하며, 함부로 날뛰며 큰소리치는 것을 싫어하며, 사바사바하며 올곧은 척하는 것을 싫어합니다."

공자가 말했다. "애오라지 여자와 소인은 다독거리기 힘들다. 가까이하면 함부로 날뛰고, 멀리하면 우는 소리만 늘어놓는다."

공자가 말했다. "사십 세가 되었는데도 사람들이 꺼려하는 바가 있다면 이미 끝장난 것이다."

＊＊＊

언제인가, 이순신 장군의 일대기를 그린 〈명량〉이라는 전쟁 영화가 대단한 돌풍을 일으키며 사람들의 입에 오르내렸습니다. 영화를 보지 않았더라도, 그 많은 전투에서 한 번도 패한 적이 없었으니 가히 전설적인 인물이라는 사실을 쉽게 알 수 있습니다. 그런데 알고 보니 그는 단순히 벼랑에 떨어지기 직전의 나라를 구한 위대한 영웅으로 그치지 않았습니다. 그 당시 동아시아 역사를 뒤바꿔놓은 중심에 이순신 장군이 있었다는 것이 국제적으로 역사 연구가들을 통해 드러났기 때문입니다. 그러니 한낱 장수로서 생명을 마친 그가 무척이나 아쉽기 그지없습니다.

그런데 지금도 이순신 이야기를 들을 때마다 고개를 갸웃할 수밖에 없습니다. 그렇게 훌륭한 인물이었는데, 전쟁터 한 가운데서 갑자기 칼을 빼앗기고 감옥에 갇혀버리는 등 어이없는 사태를 겪은 때문입니다. 뒤늦게나마 자신들의 엄청난 실수를 깨달은 나랏님들이 허겁지겁 다시금 그를 복직시키기는 했지만, 이러한 사건의 속살은 오늘날까지도 설왕설래 말도 많거니와 쉬이 풀리지 않는 수수께끼올시다. 그런데 이순신 장군의 『난중일기』를 읽다보면 눈이 휘둥그레지는 장면이 등장합니다. 장군이 지휘하던 남쪽 바닷가 수군사령부에서 마치 임금님이 하는 것처럼 과거시험을 보고 장수들을 임명하는 이야기가 바로 그것입니다.

나라야 어떻게 되든 말든 간에 내 목숨하나 건지려고 압록강 끝까지 부리나케 달려가 피란 중이었던 임금이었습니다. 그러니 궁궐과 함께 노예문서까지 홀라당 불타버린 나라에서 임금은 아무것도 할일이 없어 간신히 입에 풀칠만 하는 신세가 되어버렸네요. 그런데 생각지도 않게 하늘이 점지해놓은 걸출한 이순신과 수군 덕분에 근근이 버티면서 그

나마 임금노릇을 이어갈 수가 있었지요.

그리고 이제 새로이 군대를 보충하고 장수를 세우는 과거시험 현장에 떠억 하니 나타나 곤룡포입고 큰소리치고 싶은 마음이 굴뚝같습니다. 그렇지만, 압록강 꼭대기에서 무슨 수로 남쪽 땅끝 마을까지 가겠습니까. 그야말로 그림의 떡이올시다. 할 수 없이 이순신 장군이 머무르던 해군본부로 아들 광해군을 내려 보내기는 했지만, 이는 끝없이 추락하고만 당시 왕권과 나라의 위상을 그대로 보여줄 따름입니다.

하기야 훗날 임금 자리에 오른 광해군까지 눈총 받아 쫓겨나는 판국이었으니, 당시 나라 꼬락서니가 어떠했는지 가히 미루어 짐작할 수 있을 겁니다. 그러니 아마도 이순신 같은 일개 장군은 당연히 미움을 받았겠지요. 말이야 바른 말이지만, 가만히 따져보면 조선왕조를 일으킨 태조 이성계 역시 처음에는 별 볼일 없는 변두리의 졸장에 불과했지요. 최영 장군의 그늘 아래서 책임을 맡게 되었고, 차츰 남쪽의 왜적을 무찌르고 북쪽 오랑캐를 물리치면서 겨우 이름을 얻게 되었을 따름입니다.

어찌어찌 이차저차해서 왕권을 이어받아 조선왕조를 개창했지만, 일찌감치 아들들 사이에서는 피비린내 나는 권력다툼이 일어납니다. 그러자 잘 알려진 바대로, 이를 본 이성계는 머리를 절레절레 흔들면서 고향으로 떠나가고요. 이처럼 조선왕조는 처음부터 피비린내 나는 만신창이 역사로 뒤범벅이올시다. 그러니 개구리 올챙이 적 일을 까맣게 잊어버리는 것은 짐승이나 사람이 똑같은 셈이지요.

일찍이 맹자는 동아시아 역사에서 이른바 역성혁명(易姓革命)에 관한 불후의 유산을 남겼습니다. 임금답지 못한 이는 당연히 제거되고 그대신 감당할 능력이 있는 인물이 하늘의 뜻을 이어받아야 한다는 것이지요. 이 같은 그의 견해는, 동과 서를 가리지 않고 이른바 '폭군제거론'(tyrannicide)이라는 혁명론의 고전으로 생생하게 살아있습니다. 돌이켜보면 서구에서는 왕권신수설에 대항하는 폭군제거론이 근대 계몽주의 시절에 이르러 비로소 활짝 꽃피웠던 것을 생각하면 만감이 교차합니다.

그러나 동아시아에서는 전제왕권이 서슬 퍼렇게 살아있던 수천 년전부터 뒷골이 서늘한 이런 절대명제가 떠억 하니 기둥처럼 자리 잡고있었다는 얘기올시다. 지금은 좀처럼 상상하기 어려운 그야말로 어마어마한 사건이 아닐 수 없습니다. 그런데 이런 흐름은 맹자 이전에 공자에게서도 그 실마리가 엿보입니다. 바로「양화」편에서도 그런 면모가드러나고 있으니, 가만히 따져보면 그 역성혁명의 뿌리가 꽤 깊었던 것이라 생각이 되는군요.

18장

「微子」 ─ 인자는 머리 둘 곳이 없다

18-1

오직 인자는 머리 둘 곳이 없다 하시더라(마 8, 20).

微子去之 箕子爲之奴 比干諫而死 孔子曰 殷有三仁焉

柳下惠 爲士師 三黜 人曰 子未可以去乎 曰直道而事人 焉往而不三黜

枉道而事人 何必去父母之邦

齊景公 待孔子曰 若季氏則吾不能 以季孟之間待之 曰吾老矣 不能用

也 孔子行

齊人 歸女樂 季桓子受之 三日不朝 孔子行

　미자는 떠났고, 기자는 노비가 되었으며, 비간은 옳은 말하다가 죽
었다. 공자가 말했다. "은나라에 어진 사람 셋이 있었다."

유하혜가 사사 벼슬을 맡았다가 세 번씩이나 쫓겨났다. 사람들이 말했다. "차라리 때려 치고 떠나세요." 답하되, "올곧게 섬기다보면 어디에서든 쫓겨나게 마련이다. 대충대충 아부한다면 더욱 부모님 계신 고향을 떠날 필요가 없다."

제나라 경공이 공자를 모시려고 말했다. "계씨만큼 대우하기는 어렵지만, 계씨나 맹씨 비슷하게 대우하지요." 얼마 후 말했다. "내가 너무 늙었으니, 함께 일하기 어렵구만요." 이윽고 공자가 제나라를 떠났다.

제나라에서 여인들과 음악을 보내왔다. 노나라 계환자가 기뻐하며 삼일 동안 흥청망청하니, 이윽고 공자가 노나라를 떠났다.

18-2

진리가 **너희를 자유케하리라**(요 8,32).

楚狂接輿 歌而過孔子曰 鳳兮鳳兮 何德之衰 往者不可諫 來者猶可追 已而已而 今之從政者 殆而 孔子 下 欲與之言 趨而辟之 不得與之言 長沮桀溺 耦而耕 孔子過之 使子路問津焉 長沮曰 夫執輿者 爲誰 子路曰 爲孔丘 曰是魯孔丘與 曰是也 曰是知津矣 問於桀溺 桀溺曰 子爲誰 曰爲仲由 曰是魯孔丘之徒與 對曰然 曰滔滔者 天下皆是也 而誰以易之 且而與其從辟人之士也 豈若從辟世之士哉 耰而不輟 子路行以告 夫子憮然曰 鳥獸不可與同羣 吾非斯人之徒與 而誰與 天下有道 丘不與易也

초나라 나그네 접여가 공자를 지나치며 노래했다. "봉황새여, 봉황새여. 아련하기 그지없도다. 옛날 일은 고칠 수도 없거니와, 앞날은 오히려 따라잡을 수 있구나. 아서라, 말아라. 뒤늦게 바로 잡으려하니 위태롭기 그지 없구나." 공자가 다가가 얘기하려고하자 총총히 사라지니 만날 수 없었다.

장저와 걸익이 함께 밭을 가는데, 지나던 공자가 자로를 보내 길을 묻게 했다. 장저가 말했다. "저 수레에 있는 이가 누구요." 자로가 말했다. "공구입니다." 다시 묻되, "노나라 공자란 말이요." 답하되, "예 그렇습니다." 말하되, "그러면 모르는 것이 없을 텐데…." 다시 걸익에게 물으니, 걸익이 말했다. "자넨 누구인가." 답하되, "중유입니다." 묻되, "노나라 공자의 제자이구만." "예." 걸익이 말하되, "천하는 그득히 흐르는 강물 같아 어떻게 할 수가 없는 법이다. 이리저리 애써 사람 쫓아다니지 말고, 새로운 세상을 찾아보게나. 그리고 밭을 계속 갈았다. 자로가 돌아가서 말하니, 공자는 물끄러미 보며 말했다. "새들과 짐승은 서로 처지가 다를 뿐이다. 내가 이들과 어우러지지 못한다면 그 누구와 함께 하겠느냐. 천하에 도가 있었다면 나 또한 애써 아등바등 않았으리라."

18-3

암탉이 그 새끼를 날개 아래 모음 같이 내가 네 자녀를 모으려 한 일이 몇번이냐(마 23,37).

子路從而後 遇丈人以杖荷蓧 子路問曰 子見夫子乎 丈人曰 四體不勤
五穀不分 孰爲夫子 植其杖而芸 子路 拱而立 止子路宿 殺鷄爲黍而食
之 見其二子焉 明日 子路行以告 子曰 隱者也 使子路反見之 至則行矣
子路曰 不仕無義 長幼之節 不可廢也 君臣之義 如之何其廢之 欲潔其
身而亂大倫 君子之仕也 行其義也 道之不行 已知之矣

자로가 느지막이 뒤따르다가 거름삼태기를 멘 사람을 만났다. 자로
가 물었다. "혹 선생님을 보셨나요." 노인이 말했다. "사지가 멀쩡하나
일하지도 않고, 오곡조차 가려내지도 못한 이가 무슨 선생인가" 하며
거름을 주었다. 자로가 공손히 기다리니, 집에서 묵게 하였다. 닭과 기
장쌀로 밥을 먹고 난 후, 두 아들을 만났다. 다음날 자로가 공자를 만나
보고하니 공자가 말했다. "묻혀 사는 이들이다." 자로를 시켜 만나게 하
니 이에 사라져버렸다. 자로가 말했다. "나서지 않으면 의로움이 사라
진다. 어른의 예는 폐할 수가 없다. 임금과 신하의 도리를 어찌 외면하
겠는가. 제 몸뚱이만 돌보고자 하면 사회는 어지럽게 된다. 군자가 나서
는 것은 의를 이루고자 함이다. 세상이 어지러움은 이미 다 아는 바이
다."

18-4

믿음으로 아벨은 가인보다 더 나은 제사를 하나님께 드림으로 의로운 자라 하시
는 증거를 얻었으니(히 11, 4).

逸民 伯夷 叔齊 虞仲 夷逸 朱張 柳下惠 少連 子曰 不降其志 不辱其身

伯夷叔齊與 謂柳下惠 少連 降志辱身矣 言中倫 行中慮 其斯而已矣

謂虞仲夷逸 隱居放言 身中清 廢中權 我則異於是 無可無不可

大師摯 適齊 亞飯干 適楚 三飯繚 適蔡 四飯缺 適秦 鼓方叔 入於河

播鼗武 入於漢 少師陽 擊磬襄 入於海

周公 謂魯公曰 君子 不施其親 不使大臣怨乎不以 故舊無大故 則不棄

也 無求備於一人

周有八士 伯達 伯适 仲突 仲忽 叔夜 叔夏 季隨 季騧

의로운 사람으로는 백이, 숙제, 우중, 이일, 주장, 유하혜, 소연을 꼽는다. 공자가 말했다. "뜻을 굽히지 않고 그 몸이 욕되지 않은 이는 백이와 숙제이다. 유하혜와 소연은 뜻을 굽히고 욕을 먹기도 했으나, 말에는 뼈가 있고 행동에는 생각이 깊었던 사람들이다. 우중과 이일은 벼슬을 멀리하였으며, 도통 입도 뻥긋하지 않았다. 행실에 허물이 없었고, 맺고 끊음이 분명하였다. 나의 경우는 많이 다르다. 꼭 해야만 하는 것도 없고 절대로 금하는 것도 없다."

우두머리 악사 지는 제나라로 갔고, 그 밑의 간은 초나라로 갔다. 세 번째인 요는 채나라로 갔고, 네 번째인 결은 진나라로 갔다. 북치는 숙은 하 지방으로, 작은 북치는 무는 한 지방으로 갔다. 소사 양과 종을 치는 양은 바다 쪽 섬으로 갔다.

주공이 노공을 보고 다짐을 주었다. "군자는 가까운 사이라고 선심 쓰지 않는다. 대신들을 무시하여 원망을 사지 말라. 또한 옛 친구가 크게 실수하지 않는 이상 모른 척하지 말라. 한 사람에게 몽땅 떠맡기지 말라."

주나라에는 8명의 선비가 있으니, 백달과 백괄, 충돌과 중홀, 숙야, 숙하, 계수, 계와가 바로 그들이다.

✳ ✳ ✳

「미자」편에서는 공자를 비롯한 유교전통의 뿌리가, 실제적으로는 제자백가의 다양한 사조를 나름대로 흡수하였다는 사실을 보여줍니다. 물론 세상에 알려진 바로는, 유교사상이 동아시아의 주류로 자리매김 하였다는 인상을 받는 것이 일반적입니다. 그런데 가만히 들여다보면 유교의 전승과정은 단순히 공자 전통에만 애오라지 매달리지는 않은 듯합니다. 논어를 가만히 읽다보면, 다양한 시대사조를 종합적으로 소화시켜 정신세계의 흐름을 주도적으로 이끌어나갔다는 사실이 드러나기 때문입니다.

쉽게 말하면, 동아시아의 다양한 스펙트럼을 폭넓게 아우르는 일련의 토착화 과정을 통해 거대한 문명의 시대정신으로 우뚝 섰다는 얘기올시다. 이러한 전통은 역사적으로도 그대로 되풀이됩니다. 무슨 말인고 하면, 천하를 통일한 진시황은 물론이거니와 곧 이어 그 뒤를 이어받아 중국대륙에 제대로 통일왕국을 건설한 한나라는 한결같이 일련의 사상적 통합작업을 주요한 정책으로 채택하였기 때문입니다.

분서갱유(焚書坑儒)라는 유명한 일화를 남긴 진시황의 정책은 다름 아니라 바로 사상의 통합정책이었고, 곧 이어 한나라가 유교를 일종의 국가의 주춧돌로 삼아 꾸준히 경전화 작업을 이어나가며 관리양성정책에 반영하였던 것 또한 이 같은 사실을 잘 보여줍니다. 이 과정에서 이른바 현실참여적인 유생들과 초현실적인 세계를 지향했던 방외지사(方外之士)들은 사실상 서로가 같은 신세가 됩니다. 서로가 광범위한 습합의 형태로 어우러지면서 고대 동아시아 정신세계의 물줄기를 이끌어나가게 되니까요.

　여기 「미자」편에 나타난 여러 유형의 인물들도 그 커다란 흐름의 가운데 놓여있음을 보여줍니다. 언뜻 이들은 공자를 깎아내리거나 공자와 비판적인 거리를 두고 있다는 인상을 받는 것이 보통입니다. 그러기에 이러한 「미자」편이 논어의 말미에 편집되었다는 사실 자체는 매우 중요한 사실을 알려줍니다. 다시 말해서 유교사상의 지평이 고대의 다양한 사상들을 폭넓게 받아들여 완성된 거대한 산맥이라는 점을 잘 드러내주는 증거이기 때문입니다.

　그러기에 실제로 춘추전국시대 제자백가의 책들을 다양하게 접하다보면, 한결같이 천하를 바로 세우려는 주제를 품고 있습니다. 이는 마치 공자의 여러 제자들 또한 다양한 면모를 지니면서도 모두가 서로 잘 어울리고 있는 것과 비슷합니다. 특별한 차이점을 느끼지 못할 정도로 하나의 공동체에서 이루어지는 다양한 얼굴이라고 인식되기 때문입니다.

　그런데 이런 역설적인 모습은 성서를 읽으면서도 곳곳에서도 발견

할 수 있습니다. 그리고 한 술 더 떠, 오히려 이러한 부분이 복음의 핵심을 이루고 있는 경우가 많다는 사실에 당황스러울 때가 많습니다. 대표적인 경우가 바로 이방인 백부장 이야기에서 나타납니다. 희랍세계에 널리 복음을 알리고 있는 누가의 본문을 보면, 희랍과 로마문화를 상징적으로 대변하는 백부장이 극찬을 받고 있습니다. 이스라엘에 이만한 믿음을 만나보지 못하였다는 예수의 말씀이 바로 그것입니다(눅 7,9).

심지어 이방지역에서 예수가 수로보니게 여인을 만났을 때에는 더 재미있습니다. 물론 이야기 초반에, 예수는 일반적으로 정통 유대인들이 생각하던 바와 그리 다르지 않은 모습입니다. 이방여인의 귀신들린 딸을 고쳐주려고 하기보다는 이방인을 개로 여기던 당시 유대인의 행태를 따라 거절하니까요. 그러다가 부스러기라도 주우려는 간절한 이방여인의 고백을 듣고서 마음을 바꿉니다. 그리고는 이 이방여인의 믿음에 놀라 칭찬하는 극적인 장면이 등장합니다(막 7,24-30).

이러한 사실은 기독교의 사유가 히브리 사상에서 비롯되었지만, 그럼에도 유다이즘에 가로막혀 있지 않았다는 사실을 보여줍니다. 오히려 희랍의 사유를 빌어 크나큰 헬레니즘의 세계로 퍼져나가면서 점차 몸집을 불린 것이라는 사실이 드러나고요. 그리고 더 나아가 사도 바울의 발걸음에서 나타난 바와 같이, 훗날 로마문명의 중심축을 이루는 것을 볼 수 있습니다. 게다가 로마가 멸망한 이후에도 유럽의 야만세계로까지 거침없이 뻗어나갑니다. 그리하여 그리스-로마 문명과 어우러져 오늘날의 서구사상의 밑바탕을 이루었던 것이고요.

동아시아의 유교전통이 주류로 자리잡아가는 모습도 이 같은 틀에서 크게 벗어나지 않습니다. 위진 남북조 시기를 거쳐 노장 및 현학사상이 화려하게 꽃피우는 과정에서도 유교 전통은 끊어질듯 굴러가며 거대하게 몸집을 불려나가지요. 그리고 이즈음 인도에서 비롯하여 중국 대륙에 자리 잡은 불교의 경우에도 이 같은 토착화의 과정을 똑같이 겪습니다. 그러기에 오늘날 우리가 선불교라고 불리는 동아시아의 불교 사상은, 알고 보면 사실상 노장사상과 원시유교의 가르침을 빌려와 그 뼈대를 만들었다는 말이 됩니다.

이처럼 토착화의 과정에서는 어느 정도 여러 사상이 서로 혼재하기 때문에, 어느 관점에서 바라보는가에 따라 정체성이 달라질 수 있습니다. 성서의 뼈대가 되는 토라(Torah)라는 전승을 이해하는 관점에 따라 다양한 유대교 학파가 형성되는 것처럼 말입니다. 그런데다가 동시에 이는 기독교와 이슬람이라는 종교가 자신의 뿌리를 내리는 장소가 되기 때문이지요. 그래서 신라시대 원효 같은 이는 동아시아에서 유교와 불교를 회통하는 대승기신론소라는 가르침으로 당대 선불교뿐만 아니라 동아시아 모든 지식인들의 스승으로 우뚝합니다.

조선시대에 이르면 율곡 같은 이도 마찬가지입니다. 그는 노장사상 그리고 불교의 가르침을 하나로 엮어내어 유교사상의 새로운 경지를 이루어냅니다(醇言). 유교를 국교로 삼았기에 이단에 대해서는 서릿발 같이 다그치며 목숨까지 빼앗던 서슬 퍼런 조선왕조 시절이었는데 실로 놀랍지 않습니까. 그 엄중한 하늘 아래서 진리의 발걸음을 멈추지 않고 뚜벅뚜벅 나아갔던 모습 또한 마치 구도자의 발걸음처럼 저절로 옷깃이 여며질 정도입니다.

19장

「子張」 ― 선을 행하되 낙심하지 말지니

선을 행하되 낙심하지 말지니(갈 6,9).

子張曰 士見危致命 見得思義 祭思敬 喪思哀 其可已矣

子張曰 執德不弘 信道不篤 焉能爲有 焉能爲亡

子夏之門人 問交於子張 子張曰 子夏云何 對曰 子夏曰可者與之 其不
可者拒之 子張曰 異乎吾所聞 君子尊賢而容衆 嘉善而矜不能 我之大
賢與 於人何所不容 我之不賢與 人將去我 如之何其拒人也

　　자장이 말했다. "선비는 위급할 때 목숨을 아끼지 않고, 이로울 때에
는 의를 생각한다. 제사드릴 때는 겸손하고, 상을 당하여서는 진심을
다할 뿐이다."

자장이 말했다. "덕의 그릇이 크지 않고 믿음의 터전도 깊지 못하면, 되는 일도 없고 안 되는 일도 없을 뿐이다."

자하의 문인이 자장에게 사귐에 관해 물었다. 자장이 말했다. "자하는 뭐라 가르치는가." 답하되, "자하께서는 괜찮은 사람은 사귀고 버거운 사람은 멀리하라 했습니다." 자장이 말했다. "내가 배운 바로는 좀 다르다. 군자는 어진 이를 높이고 무리들을 사랑하는 법이다. 선한 이를 보면 기뻐하고, 모자란 이는 다독거린다. 크게 지혜롭다면 이런 사람 저런 사람 가릴 까닭이 없고, 내가 모자라다면 사람들이 나를 꺼려할 것이다. 그러니 내가 물리치고 말고 할 까닭이 없다."

19-2

항상 기뻐하라, 쉬지말고 기도하라, 범사에 감사하라(살전 5,16).

子夏曰 雖小道 必有可觀者焉 致遠恐泥 是以君子不爲也

子夏曰 日知其所亡 月無忘其所能 可謂好學也已矣

子夏曰 博學而篤志 切問而近思 仁在其中矣

子夏曰 百工 居肆 以成其事 君子 學 以致其道

子夏曰 小人之過也 必文

子夏曰 君子有三變 望之儼然 卽之也溫 聽其言也厲

子夏曰 君子 信而後勞其民 未信則以爲厲己也 信而後諫 未信則以爲謗己也

子夏曰 大德不踰閑 小德出入 可也

자하가 말했다. "비록 자그마한 일이라도 반드시 배울만한 구석이
있다. 단지 멀리 가려면 버벅대기 쉬운 법이라 군자가 매달리지 않을
뿐이다."

자하가 말했다. "매일 새롭게 익히고 매달 할일을 잊지 않는다면, 비
로소 배움에 뛰어난 선비라 일컬을 수 있다."

자하가 말했다. "부지런히 익히고 뜻이 흔들리지 않으며, 진지하게
물어보고 늘 깊이 생각하면, 비로소 인이 그 가운데 자리 잡는다."

자하가 말했다. "백공이 달인의 경지이면 쉽사리 일을 이루고, 군자
가 배움이 있으면 손쉽게 도를 이룬다."

자하가 말했다. "소인은 허물이 있으면 언제나 덮으려 한다."

자하가 말했다. "군자는 세 가지 모습이다. 멀리서 보면 말쑥 단정하
며, 가까이 다가서면 따듯하게 대하고, 말을 들어보면 분명하기 그지없
다."

자하가 말했다. "군자는 믿음직스러운 이후에 백성을 거느리니, 믿
음이 없다면 괴롭힌다 여길 것이요, 믿음직스러운 이후에 임금에게 말
씀을 올리니, 믿음이 없으면 비방한다고 생각하게 마련이다."

자하가 말했다. "큰 덕의 틀을 벗어나지 않는다면, 작은 덕은 약간씩
달라도 크게 문제될 것 없다."

네가 작은 일에 충성하였으매 내가 많은 것으로 네게 맡기리니(마 25, 21).

子游曰 子夏之門人小子 當灑掃應對進退 則可矣 抑末也 本之則無 如
之何 子夏聞之曰 噫 言游過矣 君子之道 孰先傳焉 孰後倦焉 譬諸草木
區以別矣 君子之道 焉可誣也 有始有卒者 其惟聖人乎
子夏曰 仕而優則學 學而優則仕
子游曰 喪 致乎哀而止
子游曰 吾友張也 爲難能也 然而未仁
曾子曰 堂堂乎張也 難與並爲仁矣

　자유가 말했다. "자하 제자들은 소소하게 물 뿌리고 청소하며, 인사
하고 심부름하는 것은 잘한다. 허접한 일에 매여 알맹이가 없으니 무슨
쓸모가 있겠는가." 자하가 듣고 말했다. "허허. 자유의 말이 지나치구
나. 군자의 도(道)에 먼저라서 중요하고 나중이라고 제쳐두는 법이 있
는가. 초목을 보더라도 나름대로 역할이 있다. 어찌 군자의 도가 남을
헐뜯는 것이랴. 처음과 나중을 따지는 것은 오직 성인밖에 없다."
　자하가 말했다. "섬기다가 눈에 띠니 배우게 되고, 배우다가 눈에 띠
니 섬기게 된다."
　자유가 말했다. "상을 당할 때에는 진심을 다하는 것으로 그쳐야 한
다."

자유가 말했다. "벗 자장은 두루 못하는 바가 없다. 그러나 어진 이
는 아니다."

증자가 말했다. "자장은 거칠 것 없는 사람이다. 그러나 더불어 인을
이루기는 그리 쉽지 않다."

19-4

네 부모를 공경하라. 그리하면 너의 하나님 나 여호와가 네게 준 땅에서 네 생명이
길리라(출 20,12).

曾子曰 吾聞諸夫子 人未有自致者也 必也親喪乎
曾子曰 吾聞諸夫子 孟莊子之孝也 其他 可能也 其不改父之臣與父之
政 是難能也
孟氏 使陽膚爲士師 問於曾子 曾子曰 上失其道 民散久矣 如得其情
則哀矜而勿喜
子貢曰 紂之不善 不如是之甚也 是以君子 惡居下流 天下之惡 皆歸焉
子貢曰 君子之過也 如日月之食焉 過也人皆見之 更也人皆仰之

증자가 말했다. "내가 선생님께 몇몇 배운 바가 있다. 사람들이 대충
대충 일을 때우는 경우가 많은데, 부모님 장례에는 그렇지 않다."

증자가 말했다. "내가 선생님께 들은 바가 있는데 바로 맹장자의 효
행이다. 몇 가지는 따라해볼만 하겠지만, 이전 신하들과 통치를 이어가

는 일은 쉽지 않다."

맹씨가 양부를 사사(士師)로 삼아 다스리게 하니, 양부가 증자에게 조언을 구하였다. 증자가 말했다. "윗사람이 도를 잃어 백성들이 뿔뿔이 헤맨 지 오래이다. 진정 마음을 얻으려면 사랑으로 다독거려야지 잘난 척 나대지 말라."

자공이 말했다. "주 임금의 실수가 있었겠지만, 그토록 심하지는 않았으리라. 까닭에 군자는 멋대로 처신하지 않는다. 자칫 모든 죄를 뒤집어쓰기 때문이다."

자공이 말했다. "군자의 허물은 마치 일식이나 월식과 같다. 일단 허물이 드러나게 되면 모두 알게 되고, 고치면 모두 우러러본다.

19-5

이 사람은 진실로 하나님의 아들이었도다(막 15, 39).

衛公孫朝 問於子貢曰 仲尼焉學 子貢曰 文武之道 未墜於地 在人 賢者
識其大者 不賢者 識其小者 莫不有文武之道焉 夫子 焉不學 而亦何常
師之有
叔孫武叔 語大夫於朝曰 子貢賢於仲尼 子福景伯 以告子貢 子貢曰 譬
之宮墻 賜之墻也 及肩 窺見室家之好 夫子之墻 數仞 不得其門而入
不見宗廟之美百官之富 得其門者或寡矣 夫子之云不亦宜乎
叔孫武叔毀仲尼 子貢曰 無以爲也 仲尼不可毀也 他人之賢者 丘陵也

猶可踰也 仲尼 日月也 無得而踰焉 人雖欲自絶 其何傷於日月乎 多見
其不知量也

陳子禽 謂子貢曰 子爲恭也 仲尼豈賢於子乎 子貢曰 君子 一言以爲知
一言以爲不知 言不可不愼也 夫子之不可及也 猶天地不可階而升也
夫子之得邦家者 所謂 立之斯立 道之斯行 綏之斯來 動之斯和 其生也
榮 其死也哀 如之何其可及也

　　위나라 공손조가 자공에게 물었다. "공자는 누구에게 배웠는가." 자공이 말했다. "문무의 도가 스러지지 않고 세상에 남아 있습니다. 지혜로운 이라면 누구나 그 큰 뜻을 알 수 있거니와 보통 사람도 대강은 알 수 있지요. 문무의 도가 없는 곳이 없는데, 공자께서 어찌 스승이 없고 또한 배움이 없으시겠습니까."

　　숙손무숙이 회의 중에 대신들에게 말했다. "자공이 공자보다 더 지혜롭구먼." 자복경백이 자공에게 이 얘기를 전했다. 자공이 말했다. "궁궐 담장에 비유하자면, 나는 어깨 정도의 담장에 불과하니 들여다보면 뜨락이 좋아 보이기는 하다. 공자의 담장은 높이 솟아있다. 그래서 그 문을 열고 들어가지 않으면, 종묘의 아름다움과 백관의 풍성함을 헤아리기 어렵다. 그 문을 들어가는 사람은 좀처럼 드물다. 때문에 사람들이 잘 모르고 말하는 것이다."

　　숙손무숙이 공자를 헐뜯었다. 자공이 말했다. "잘 몰라서 그렇다. 선생님에 대해서는 감히 입조차 뻥긋할 수 없다. 다른 이의 지혜는 산등성이 정도라 누구나 넘을 수 있지만, 공자는 마치 해와 달 같아서 도무지 헤아릴 수 없다. 아무리 버둥거려본들 해와 달을 어찌할 수 있겠는가. 모두 그 무궁함을 깨닫게 된다."

진자금이 자공에게 말했다. "선생님, 너무 겸손하십니다. 공자가 어찌 선생님보다 지혜롭다 하십니까." 자공이 말했다. "군자는 한 마디에 깨달음이 있고 한 마디에 헤매기도 하니, 말에 있어서 늘 삼가야 한다. 공자는 감히 다가갈 수가 없으니, 마치 하늘과 땅이 나뉘어 오를 수 없는 것과 같다. 공자가 나라를 맡아 다스리니, 바로잡으면 든든히 서고, 도를 세우면 바로 행해지고, 다독거리니 사방에서 몰려오고, 다스리니 화목해진다. 살아서는 영광이오 죽어서도 존경을 받으니, 세상에 누가 이와 같을 수 있을까."

＊＊＊

「자장」편에는 역사적 공자 이해에 관한 일련의 중대한 논쟁거리가 담겨있습니다. 한 가지 예를 들어본다면, 맹자의 인성론이라든지 역사 인식 등에 평행하는 내용이 본문에서 드문드문 나타나는 것입니다. 이로 미루어 짐작하건데, 경전 편집사 과정을 짚어보면 『맹자』 본문과 『논어』 자장편 본문 사이에 상당한 연관성이 있음을 암시하는 셈입니다.

예를 들어 역성혁명(易姓革命)에 관한 맹자의 이론은, 역사상에서 실제로 정권의 교체론에 영향을 끼치거나 정당성을 줄 수도 있을 겁니다. 그렇지만 단순히 역사적인 과정에서뿐만 아니라, 더 나아가서 공자의 위상을 더욱 강화시키는 계기가 되었다는 점을 놓쳐서는 안 됩니다. 이로 말미암아 동아시아의 역사발전 과정에서 공자의 정통성이라는 관점이 흔들림 없이 확고하게 자리매김하기 때문입니다. 쉽게 말해서 논어와 맹자를 연결시키며 일종의 공자 메시야니즘(?)을 완성시키는 역할을 하게 된다는 것이지요.

논어에서 끊임없이 선포되는 말씀은 전반적으로 미언대의(微言大義)라는 공자 역사이해의 특징을 가지고 있습니다. 그리고 이러한 전제는 바로 술이부작(述而不作)이라는 공자 자신의 말로써 잘 표현됩니다. 이처럼 공자는 생애 내내 요란스럽게 야단법석을 펼쳐놓는 법이 없습니다. 괴력난신(怪力亂神)과 같은 신화적인 덧칠 따위는 더더욱 찾아볼 수 없습니다. 본문에서 절대 입조차 뻥긋하지 않도록 분명하게 못을 박아버리기 때문이지요.

그러나 가랑비에 옷 젖는다는 속담이 괜히 있는 것이 아닙니다. 자근자근 말을 건네던 그의 느릿느릿 발걸음을 따라가다 보면, 흐릿했던 공자의 그림자는 어느덧 동아시아에서 커다란 태산으로 우뚝하게 바뀌어 있습니다. 어쨌거나 결과적으로는 일련의 공자 메시야니즘을 완성시킨 셈이 되었다는 말입니다.

오늘날 성서해석학에서 예수는 '하나님 나라를 선포했지만 도래한 것은 교회였다'는 유명한 신학적 명제가 있습니다. 이와 함께 기독교의 가장 큰 스캔들은 '선포한 사람이 바로 선포된 사람이 되었다'는 사실이고요. 이는 복음서에서 공통적으로 드러나는 성서비평학의 결론이기도 하거니와, 오늘날 성서해석학에서 메시야니즘에 관한 스캔들 중 가장 중심 되는 논점이기도 합니다.

　이러한 가운데 마가와 누가는 각각의 복음서에서 다른 해석학을 보여줍니다. 앞에서의 인용본문에서 드러나다시피 마가는 '하나님의 아들'로서 예수를 고백하는 형태입니다만, 누가에게서는 예수가 다만 '의인'(눅 23,47)으로서 고백되고 있을 뿐입니다. 그런데 재미있는 사실은 두 가지 경우 모두가 이방인 백부장의 입을 통해서 선포되고 있다는 점이지요. 그러므로 훗날 희랍세계에서 예수의 메시아성을 이해하는 두 가지 신학적 경향을 짚어보는 셈이라 매우 의미 있는 일이 아닐 수 없습니다.

　마가의 경우는 원시 기독교의 이른바 '하나님 아들' 신앙고백을 통해 희랍세계를 향한 메시야 선포의 문을 열어놓았습니다. 반면, 누가의 경우는 신앙공동체와 로마제국 사이에서 현실정치상으로 빚어질 수 있는 갈등구도를 의식한 듯합니다. 그래서 보다 실현가능한 방법을 선택한 제국정착 시기의 기독교 상황을 반영하였다고 볼 수 있을 겁니다. 마치 논어의 「자장」편과 맹자가 서로 겹쳐지면서도 여전히 각각의 색깔을 지니고 있었던 것처럼 말이지요.

20장

「堯曰」 — 죄를 사하시옵소서

20-1

이제 그들의 죄를 사하시옵소서 그렇지 않사오면 원컨대 주의 기록하신 책에서
내 이름을 지워버려주옵소서(출 32, 32).

堯曰 咨爾舜 天之曆數在爾躬 允執其中 四海困窮 天祿永終 舜亦以命禹
曰予小子履 敢用玄牡 敢昭告于皇皇后帝 有罪不敢赦 帝臣不蔽 簡在
帝心 朕躬有罪 無以萬方 萬方有罪 罪在朕躬
周有大賚 善人是富 雖有周親 不如仁人 百姓有過 在予一人 謹權量
審法度 修廢官 四方之政 行焉 興滅國 繼絶世 擧逸民 天下之民 歸心
焉 所重 民食喪祭 寬則得衆 信則民任焉 敏則有功 公則說

요 임금이 말했다. "순이여, 하늘 뜻이 네게 있으니 삼가 중심을 잃

지 말라. 세상이 어지러우면 하늘의 뜻은 떠난다." 순 임금 또한 우에게
이같이 명했다.

"은나라 탕왕이 말했다. '엎드려 제물 바칩니다. 지극한 하늘의 천제
께 밝히 아뢰니, 죄를 피할 수 없습니다. 죄상을 아뢰오니 살피소서. 모
든 허물은 제게 있고, 백성은 죄가 없습니다. 세상이 어지러움은 부덕한
저 때문입니다.'"

"주나라에 은총이 가득하니, 인재가 넘쳐나네. 왕족도 많지만, 어진
인물들은 더욱 많구나. 백성의 허물 또한 내 잘못이다. 삼가 경중을 헤
아리고, 법과 질서를 살피며, 낡은 제도를 손질하니, 온 세상이 편안하
다. 스러진 나라를 세우고, 끊어진 후손을 이어주며, 숨은 인재를 등용
하니, 천하 백성이 몰려오네. 백성의 먹을거리를 챙기고 제사를 받드는
것이 중요하다. 너그러우면 백성이 돌아오고, 듬직하면 백성이 안심하
네. 살뜰히 보살피니 소문이 자자하고, 공평하니 모두 기뻐한다."

20-2

서서 진리로 너희 허리띠를 띠고 의의 흉배를 붙이고 평안의 복음의 예비한 것으
로 신을 신고 모든 것 위에 믿음의 방패를 가지고 이로써 능히 악한 자의 모든
화전을 소멸하고 구원의 투구와 성령의 검 곧 하나님의 말씀을 가지라(엡
6,14-17).

子張 問於孔子曰 何如 斯可以從政矣 子曰 尊五美 屛四惡 斯可以從政

矣 子張曰 何謂五美 子曰 君子 惠而不費 勞而不怨 欲而不貪 泰而不
驕 威而不猛 子張曰 何謂惠而不費 子曰 因民之所利而利之 斯不亦惠
而不費乎 擇可勞而勞之 又誰怨 欲仁而得仁 又焉貪 君子 無衆寡 無小
大 無敢慢 斯不亦泰而不驕乎 君子 正其衣冠 尊其瞻視 儼然人望而畏
之 斯不亦威而不猛乎 子張曰 何謂四惡 子曰 不教而殺 謂之虐 不戒視
成 謂之暴 慢令致期 謂之賊 猶之與人也 出納之吝 謂之有司

子曰 不知命 無以爲君子也 不知禮 無以立也 不知言 無以知人也

　　자장이 공자에게 물었다. "어떻게 해야 나라살림을 꾸려갈 수 있나
요." 공자가 말했다. "다섯 가지 미덕에 힘쓰고, 네 가지 일을 삼가야 제
대로 다스릴 수 있다." 자장이 물었다. "다섯 가지 미덕은 무엇입니까."
공자가 말했다. "군자는 베풀되 낭비하지 않고, 애쓰되 원망이 없게 하
고, 힘쓰되 너무 욕심내지 말고, 통 크게 벌이되 교만하지 말고, 듬직하
게 하되 다그치지 말라." 자장이 물었다. "베풀되 낭비하지 말라니요."
공자가 말했다. "백성들이 필요한 바를 이루면 바로 이것이 베풀되 낭
비하지 않는 것이다. 백성들이 하자는 대로 돌보아주면 무슨 원망이 있
겠는가. 어진 일에 힘써 인을 이루니, 무엇을 또 탐하겠는가. 군자에게
는 많고 적음이 없고, 크고 작음이 없으며, 무모함이나 게으름이 없으
니, 바로 통 크게 벌이되 교만하지 않은 것이다. 또한 군자는 몸과 마음
이 흐트러지지 않고 삼가며 우러러보니, 의젓하여 사람들이 흠모한다.
이것이 듬직하되 다그치지 않는 것이다." 자장이 물었다. "네 가지 삼가
는 것은 무엇입니까." 공자가 말했다. "가르치지 않고 죽이는 것은 학대

이고, 서둘러 다그치는 것은 포악이며, 법 없이 들이대면 도적과 같고, 같은 백성끼리 빡빡하게 대하면 탐관오리이다."

공자가 말했다. "하늘의 뜻을 모르면 감히 군자라고 말할 수가 없다. 예를 모르면 사람답게 살 수가 없다. 말을 모르면 사람을 제대로 헤아릴 수 없다."

＊＊＊

논어 첫 머리 「학이」편에서는 겸손하게 하늘의 뜻을 헤아리는 군자를 구도자의 이상으로 그렸다면, 논어를 마무리하는 마지막 「요왈」편에서도 또한 천명(天命)을 헤아리는 군자의 삶을 푯대로 내세우는 완결 구도를 가지고 있었네요. 한 마디로 말해서, 천명으로 문을 열고 천명으로 문을 닫는 삶이 공자가 꿈꾸던 세상입니다.

재미있는 사실은 성서를 펼쳐보아도 마찬가지라는 겁니다. 먼저 「창세기」 첫 머리는 하나님의 말씀으로 이루어진 세상이라는 것을 강조하며 시작합니다, 그리고 마지막 「요한계시록」으로 마무리하면서 다시 하나님 나라가 등장하지요. 그런데 이 하나님 나라는 아득하니 저 멀리 하늘 높은 곳에 머물러있지 않습니다. 오히려 사람들이 북적대며 살아가는 우리 동네 나즈막한 단칸집 옆으로 살포시 내려앉아 하나 되는 모습으로 그려지고 있습니다(계 22장).

일찍이 세례요한도 그러했거니와, 예수님의 선포 역시 하나님 나라가 가까웠으니 회개하라는 외침이 일관된 줄거리로 나타납니다. 그리고 하늘의 뜻을 모르는 척 외면하고 이를 짓밟으려는 사람들에 의하여 예수가 희생당하며 하나님 나라 또한 스러지는 듯 보이지요. 그러나 수천 년이 지난 오늘날까지 이 하나님 뜻을 이루는 기도는 끊어지지 않고 내려오며 21세기 우리가 사는 이 땅에서 생생하게 펼쳐집니다.

돌이켜보면, 이 땅 위에서 숨 쉬며 살아가는 뭇 생명들이 하늘의 뜻에 따라 어깨동무하며 어우러지는 유교의 이상향 또한 이른바 대동(大同)의 세계입니다. 이렇듯 유교의 이상향도 그렇거니와, 창세기부터 계시록에 이르는 말씀에서도 하나로 꿰뚫고 있는 바는 하나님이 친히 다스리신다는 근본 되는 가르침을 담고 있습니다. 그래서 기독교인들이 늘 입에 달고 사는 주기도문의 간절한 소망 또한 여기에서 나란히 잇닿아 있기도 합니다(나라이 임하옵시며 뜻이 하늘에서 이룬 것 같이 땅에서도 이루어지이다. 마 6,10).

모쪼록 이러한 만남을 통해, 서로서로 서먹하고 낯설었던 관계가 더욱 푸근해져서 서로를 감싸주고 삶을 넉넉하게 살찌우며 아름답게 열매 맺기를 바라는 마음입니다. 그래서 우리 아들·딸들이 살아가게 될 이 세상은, 하늘이 열어주시는 풍요롭고 따사로운 지구마을 새로운 모습으로 활짝 열려지기를 바라는 것이고요. 그때가 되면『성서로 만나는 논어의 세계』에서 소박하게 들쳐보았던 일들이 어떤 모습으로 펼쳐지게 될지 자못 궁금해집니다.